Dein Insider-Trip Usedom

Es ist Wundertütenzeit auf Usedom! Lecker essen oder Gas geben, entspannen oder feiern, kreativ sein oder einfach nur leben – wiewowas?

Steckt alles in diesem Buch.

Kenn ich, sagst du. Weiß ich. War ich schon. Echt jetzt? Probier's aus! Werd zum Abenteuersucher, zum Wandervogel. Sei neugierig, erlebnishungrig, sei ein Um-die-Ecke-Denker und -Entdecker. Gleich hier, vor der eigenen Haustür. New York, Rio, Tokio? Braucht kein Mensch. Das Abenteuer ist hier.

Los geht's →

Inhalt

Das Beste → für jede Lust & Laune

Wonach ist dir heute?
Fang an, wo du willst. Probier alles aus.

Oder hier entlang

Mix & Match
Kurzurlaub → S. 174
Auszeitturbo → S. 176
Kinderkram → S. 177
Sauwetter → S. 178
Low Budget → S. 179
Shoppingfieber → S. 180
Weltreise → S. 181

Dies & Das
Übersichtskarten → S. 184
Register → S. 188
Impressum → S. 190
Autorin → S. 191
Bloß nicht! → S. 192

Die Klassiker reloaded	5
Die Leckerbissen	27
Die kreativen Orte	57
Die wilde Seite	89
Die ruhigen Ecken	121
Das pralle Leben	151

Strände, Bäderarchitektur, Seebrücken – so kennst und liebst du Usedom. Und echte Klassiker werden auch niemals langweilig. Schau um die Ecke, nimm eine andere Perspektive ein, such die geheimen Orte und neuen Interpretationen. Und huch: Ist da schon ein neuer Klassiker im Anmarsch?

Die Klassiker reloaded

Altbekanntes ganz neu erleben

Strandschönheit abseits der Massen
Treppe an der Steilküste Ückeritz

→ **Coole Stahlkonstruktion: Auf der Treppe an der Steilküste bei Ückeritz liegt dir das Meer zu Füßen**

Der Strand von Usedom ist der absolute Wahnsinn. Er ist bis zu 70 m breit und 42 km lang, noch mal in Worten: zwei und vierzig! Wenn das Laufen im Sand nicht so seine Tücken hätte, wäre das wohl die schönste Marathonstrecke der Welt. Jeder Kilometer ein Traum, selten bis wenig bebaut. Ab und an zeigen Seebrücken wie große Zeigefinger auf den Horizont, aber dein Blick wandert sowieso ständig raus aufs Meer – während die Füße durch das Wasser waten und sich im Kopf das Glück so breit macht wie der Sand zwischen Meer und Düne.

Wenn dir der Strand mal in seiner ganzen Schönheit zu Füßen liegen soll, dann fahr nach *Ückeritz*. Das »Bernsteinbad« – auch Koserow, Loddin und Zempin vermarkten sich als solche – ist der Tipp für alle, die auf proppenvolle Promenaden pfeifen und ein schwedisch anmutendes Holzhaus jeder Bädervilla vorziehen. Der Strand wird von der imposanten Steilküste flankiert, die bei Bansin beginnt und hier bei Ückeritz zur Höchstform aufläuft.

Geh am Hauptstrand links runter. Ganz hinten erhebt sich der Streckelsberg in Koserow und in wenigen Metern schiebt sich die schicke *Stahlbrücke* von der Steilküste auf den Strand. Allein der Anblick der Konstruktion ist imposant. Doch warte ab, bis du die über 100 Stufen erklommen hast und den schönsten Meerblick der Insel genießt. So hast du Usedoms Naturschönheit noch nie gesehen! Unten ist nicht viel los, die Massen sind anderswo. Am besten komm morgens her, wenn die Sonne über dem Wasser aufgeht und bring Kaffee und Kamera mit.

 Treppe an der Steilküste Ückeritz • Am Steilufer 4, 17459 Ückeritz

Die Klassiker reloaded

Die Klassiker reloaded

Bootsfahrt mit Action Mit dem Angelguide auf den Peenestrom

Früher oder später geht es auf Usedom aufs Boot. Meistens auf eine Fähre, die dich von einer Seebrücke zur nächsten bringt. Oder auf einen der schönen alten Traditionssegler, die auf dem Achterwasser galant die Segel hissen. Doch wenn du ein bisschen Thrill willst, dann steig mit den Jungs von *BalticFishing* im idyllischen Hafen von Zecherin aufs Motorboot. Denn dann holst du – mit etwas Glück – die dicken Fische aus dem Wasser.

Vorher besorgst du dir ganz einfach und bequem online einen Touristen-Fischerei-Schein und bringst genügend Zeit und Geduld mit. Das Echolot und die langjährigen Erfahrungen der Guides bringen dich dahin, wo Zander, Barsch und Hecht nur darauf warten, dass du den bunten Plastikfisch vor ihnen tanzen lässt – z. B. auf den Peenestrom und auf die Ostsee hinaus. Spinnangeln und Köder werden gestellt. Wie du damit umgehst, hast du schnell raus. Auswerfen, kurbeln, einholen – auswerfen, kurbeln, einholen.

Solange keiner beißt, kannst du die Landschaft genießen. Schau dem Seeadler zu, wie er am Himmel seine Kreise zieht. Den Fischerbooten, die gemächlich vorbeituckern. Der Schwanenfamilie, die den Nachwuchs auf Linie trimmt. Auswerfen, kurbeln, einholen, auswerfen, kurbeln ... und in dem Moment, wo du gar nicht mehr damit gerechnet hast, zieht es plötzlich an der Angel, zappelt wenig später ein dicker Fisch an Bord. Bis zu 1,40 m kann ein Hecht messen. Ein Zander 1,30 m. Ein Barsch 50 cm. Sofort ein Foto machen und später eine leckere Fischpfanne!

← **Dem perfekten Spinn-Köder können die Fische nicht widerstehen**

← **Guide Lars von Baltic-Fishing mit einem riesigen Hecht**

2 **BalticFishing • Wolgaster Weg 3a, 17449 Mölschow • balticfishing.com • Touristenfischereischein: auf-nach-mv.de/touristenfischereischein**

Ab ins Körbchen
Dem Strandkorb auf den Grund gehen

→ Die Flechter im Korbwerk Usedom brauchen echt starke Finger

Er ist so typisch deutsch wie der Gartenzwerg und gehört an die Küste wie das Eis in die Tüte: der Strandkorb! Wie ein alter Bekannter hockt er im Sand und scheint nur darauf zu warten, dass du deine Sachen auspackst und eine gute Zeit mit ihm hast. Doch wie das manchmal so ist, wenn man jemanden länger kennt, als man denken kann: Nie hast du gefragt, wo er herkommt oder wie er wurde, was er ist. Höchste Zeit, das nachzuholen. Auf einer Führung durch das *Korbwerk*, die älteste Strandkorbmanufaktur Deutschlands mit integriertem Mini-Museum, findest du Antworten.

Den ersten Strandkorb der Welt flocht Korbmachermeister Wilhelm Bartelmann in Warnemünde im Jahr 1882: einen Einsitzer, der an einen hochkant gestellten Wäschekorb erinnert und tatsächlich von einem solchen inspiriert wurde. Einen Nachbau dieses ersten Korbes kannst du hier im Korbwerk bewundern. Und auch die historische Seebrücke von Heringsdorf, die genau zur gleichen Zeit entstand, aber in den 1950ern abbrannte, steht hier wieder auf – wenn auch nur als Malerei an der Wand.

Eine große Schwingtür trennt das Gestern vom Heute. Durch sie geht es direkt in die heiligen Hallen der Strandkorbmanufaktur, die zwar historisch auf die im Jahr 1925 von Carl Martin Harder gegründete zurückgeht, aber längst andere Räume hat. Probier mal, den Korb zu flechten, das kostet echt Kraft! Über die Tischlerei, die Polsterei und die Lackierstube geht es irgendwann zurück in den Verkaufsraum, wo du sehen kannst, was so ein Strandkorb doch alles kann, wenn man nur will: Sekt kühlen, den Sitz anheizen, Musik machen, das Bett ersetzen und vieles mehr.

 Korbwerk Usedom GmbH & Co. KG • Waldbühnenstr. 2, 17424 Seebad Heringsdorf • korbwerk.de

Ins Nichts geführt
Das Geheimnis der Seebrücken

Seebrücken **sind eine schöne Sache.** Hier kannst du über Wasser laufen, ohne nasse Füße zu bekommen und am Ende auf den Horizont gucken, ohne dass dir ein Badender ins Bild springt. Und sie warten auch mit diversen Superlativen auf. So ist die in Heringsdorf mit ihren 508 m die längste und die in Ahlbeck mit dem Baujahr 1882 die älteste Seebrücke Deutschlands. Auch umgibt diese Brücken ins Nichts immer auch etwas Geheimnisvolles – was sollen sie eigentlich?

Leider hat man die fünf schönen Seebrücken Usedoms (auch Bansin, Zinnowitz und Koserow haben eine) selten ganz für sich. Im Sommer sieht man sie oft vor lauter Leuten nicht. Da hilft nur

↓ **Auf der Heringsdorfer Seebrücke wandelst du zwischen Himmel und dem unendlichen Meer**

eines: Früh aufstehen! Ganz früh. Wenn es noch dunkel ist. Denn dann stehst du nicht nur allein auf der Brücke, sondern checkst auch endlich deren wahre Bestimmung: Gigantische Logenplätze für den Sonnenaufgang sind sie! Weiß nur keiner.

Warum die Brücke bei Karnin gebaut wurde, ist hingegen hinlänglich bekannt. Auf ihr rollten einst die Züge aus Berlin auf die Insel – und zwar in einem Tempo, das den Berlinern heute noch Tränen in die Augen treibt: zweieinhalb Stunden brauchte die Bahn einst bis Ahlbeck, heute sind es vier und mehr! Doch 1945 wurde die Brücke gesprengt und nie wieder aufgebaut. Nur der Hubteil steht einsam im Wasser: als gigantisches Stahlmonster und imposantes Fotomotiv. Am besten knipst du sie am Abend, wenn daneben die Sonne sinkt – und damit übrigens auch jedes Mal die Hoffnung, dass die Brücke jemals wieder aufgebaut wird. Trotz diverser Bemühungen eines rührigen Vereins wird das wohl nichts mehr.

4 **Seebrücke Ahlbeck • seebruecke-ahlbeck.de**

5 **Seebrücke Heringsdorf**

6 **Hafen Karnin • Mönchow 3, 17406 Usedom OT Karnin • karninerbruecke.eu**

Villa Kunterbunt
Bäderarchitektur im neuen Licht

→ Geniale Lichtinstallationen verzaubern die Villen in der Woche der Bäderarchitektur

Nirgendwo sonst in Europa gibt es so viel Bäderarchitektur zu bestaunen wie in Ahlbeck, Heringsdorf und Bansin. Und nirgendwo sonst in Europa kannst du so lange auf einer Promenade spazieren wie auf der, die jene Kaiserbäder verbindet und weiterführt bis Polen. Früher oder später wirst also auch du hier lang laufen und Villen gucken. »Zu viel Weiß«, sagst du, und dass die schnieken Villen ruhig mal ein bisschen Farbe vertragen könnten?

Zum Glück bist du auf Usedom, denn da ist Bäderarchitektur oft gar nicht Weiß. Die braunen Holzhäuser, die dich glauben lassen, du bist versehentlich im Schwarzwald gelandet, gehören ebenso zum historischen Stile-Mix der Seebäder wie die eleganten Villen mit den filigran geschnitzten Balkönchen. Bei den urigen Holzhütten handelt es sich übrigens um nichts geringeres als die ersten Fertighäuser der Welt – zusammengezimmert im nahen Wolgast und daher auch »Wolgasthäuser« genannt.

Nicht bunt genug? Dann warte die »Woche der Bäderarchitektur« im September ab, wenn Lichtkünstler ihre Großbildprojektoren auf die weißen Fassaden ausgewählter Villen richten und diese in ganz neuem Licht erstrahlen lassen. Vielleicht zieht sich ein gigantisches Spinnennetz über eine alte Villa, läuft ein orientalisches Teppichmuster die Fassade hoch oder hopsen poppige Punkte auf die Balkone? Eins steht fest: So hast du Bäderarchitektur noch nie gesehen! Vielleicht nimmst du am nächsten Tag an einer Führung oder Lesung teil, steigst tiefer in die Geschichte der Seebäder ein und siehst die weißen Villen danach noch mal mit ganz anderen Augen.

 Woche der Bäderarchitektur • beginnt immer am bundesweiten Tag des offenen Denkmals • kaiserbaeder-auf-usedom.de

Usedom Backstage
Im Hafen von Krummin

→ Zu jeder Tages- und Nachtzeit mit besonderem Charme: der Hafen von Krummin

Das Meer ist der Popstar und der Strand die Bühne. Die Fans drängeln sich davor, lauschen fasziniert dem lauten Getöse oder leisem Geplätscher, manche zappelnd und hüpfend in der ersten Reihe, andere eher lässig vom Rand mit Drinks in der Hand. Doch wie wir alle wissen: So richtig cool ist es doch erst Backstage! Also auf zum *Naturhafen Krummin!*

Wie die Jungs von der Security stehen steinalte Linden Spalier auf deinem Weg nach Krummin. Allein diese Allee ist die Reise wert. Vor der großen Kirche – eine der ältesten der Insel – geht es links runter zum Naturhafen. Der Blick öffnet sich weit über die Krumminer Wieck, der hübschen Ausbuchtung des Peenestroms. Die Musik ist entspannt und es riecht lecker.

Vielleicht steht der sympathische Hafenmeister selbst am Grill und wendet die original Krumminer Grillwurst auf dem Rost (immer mittwochs und samstags). Vielleicht zieht der Duft von frisch geräuchertem Ostseelachs in deine Nase (dienstags und donnerstags wird der Räucherofen angemacht). Vielleicht riecht es nach BBQ Spare Ribs (freitags) oder Pasta (sonntags). Was es aber garantiert jeden Abend gibt: den Blick auf den Sonnenuntergang! Den hast du auf Usedom ja wirklich nur Backstage.

==Frag am besten gleich nach dem »Kleinen Hafenfestival«. Für das dreitägige Open Air musst du unbedingt wieder her.== Doch jetzt setzt du dich erstmal mit einen Drink in den Liegestuhl und lässt den Blick über die schicken Segeljachten am Steg schweifen (der Hafen hat übrigens das internationale Blue Star-Marina-Gütesiegel und vier Sterne). In den Floating Houses da rechts beim Schilf kannst du sogar übernachten. Das nächste Mal vielleicht …

INSIDER-TIPP
Open Air mit Flair

 Naturhafen Krummin • Dorfstrasse 24, 17440 Krummin • naturhafen.de

Die Klassiker reloaded

Steht ein Mammut im Wald Im Eiszeitpark und Wisentgehege

Auf Usedom kannst du auch Tiere gucken, die schon lange, lange ausgestorben sind. In Prätow bei Stolpe steht ein Mammut im Wald. Wenige Meter weiter zeigt ein Säbelzahntiger die Zähne und macht ein Höhlenbär Männchen. Nicht in echt natürlich, aber in echter Größe. Stell dich mal neben den Riesenhirsch und fühl dich winzig wie ein Zwerg. Und dann lauf weiter auf dem kleinen Rundgang und zurück in die Zeit – vorbei an all diesen für immer verschwundenen Tieren.

Fast wäre es der Art, von denen einige Exemplare ein paar Meter weiter äußerst lebendig ins Gras beißen, auch so ergangen – gäbe es nicht Gehege wie diese: Wisente sind es, jene Urviecher, die sich schon die Neandertaler gern zur Deko in die Höhle malten. Imposant sind die wilden Rinder allemal: Mit ihrer muskulösen Vorderpartie und dem vergleichsweise schmalem Hintern wirken sie wie Bodybuilder im Vierfüßergang. 500 bis 800 kg bringt so ein Bulle auf die Waage. Das Wisent ist Europas schwerstes und größtes Landsäugetier. Etwa eine Handvoll dieser Kolosse kannst du hier bestaunen. Die Wisente sind aber nicht nur zum Spaß da, sondern werden regelmäßig zwecks Arterhaltung zu Dates gekarrt, damit sich die Tiere bespringen und die Gene mischen. Die Erfolge springen dann wiederum hier vor deinen Augen durch die Botanik – niedliche kabbelnde Kälbchen. Aber natürlich gibt's auf Usedom noch viel mehr zu beobachten: Hunderte von Möwen liefern am Strand täglich ihre Show ab, im Hinterland kreisen Seeadler majestätisch durch die Luft und im Wald steht schon mal ein schöner Hirsch und röhrt.

← Auch nachgebaut noch furchterregend: der Säbelzahntiger im Wisentgehege Prätow

9 **Wisentgehege Insel Usedom • Heideweg 1, 17419 Dargen • wisentgehege-usedom.de**

Usedom von oben
Im Heißluftballon, Nostalgie-Flugzeug oder Segelflieger

Der Blick von oben auf Usedom kann ganz schön verwirrend sein. Schaust du dir etwa die Umrisse der Insel auf der Karte an, erinnert dich das vielleicht an einen dieser Tintenkleckse aus dem Psycho-Test, bei dem alles, was du sagst, gegen dich verwendet werden kann. Dir fällt eh nichts ein, so zerfleddert sind die Konturen Usedoms.

Anders sieht es schon aus, wenn du wirklich von oben draufschaust, nämlich aus dem *Flugzeug* oder dem *Heißluftballon*. Schau mal, die funkelnden Seen und tiefgrün leuchtenden Wälder da unten! Die klaren Linien der Steilküsten und Buchten am

↓ **Ist das ein ewiger Traum von dir? Mit dem Kleinflugzeug in die Lüfte über Usedom**

Achterwasser! Und der unendlich lange Sandstrand, der von oben wirkt wie eine schwere Goldkette, die einst in den Sand glitt!

Vielleicht gehst du mit »Tante Anna« in die Luft, wie die Piloten den alten einmotorigen Doppeldecker vom Typ Antonow AN-2 aus dem Jahr 1947 liebevoll nennen. Der klassische Oldtimer hat Platz für zehn Personen und schön große Panoramafenster. Wenn du lieber modernste Technik im Cockpit sehen willst, dann mach die Tour im schicken Kleinflugzeug. Hier kannst du aus verschiedenen Routen wählen, zwei bis drei Personen passen in die Kabine.

Du willst mehr Abenteuer? Dann ab ins Körbchen und lass dich vom Heißluftballon über die Felder und Wälder treiben. 60 bis 75 Minuten bist du in der Luft. Genieß diese fast unwirkliche Stille, die nur das Fauchen des Gasbrenners unterbricht und dir damit auch regelmäßig klarmacht, dass du keineswegs träumst – auch wenn es dir so vorkommt.

10 **Flugagentur Mecklenburg-Vorpommern • flugagentur-mv.de**

11 **Ralf Erdenberger Ballonfahrten • Hauptstr. 12, 17429 Pudagla • Tel. 038 378 / 801 868**

Geschüttelt und gerührt Sanddorn im Cocktail

→ Am besten schmeckt der saure Sanddorn im eisgekühlten Cocktail

Sonne und Sand machen auf Usedom nicht nur Urlauber glücklich, sondern auch den Sanddorn, das Gestrüpp der Küste mit den kleinen, sauren Beeren. »Zitronen des Nordens« nennt man die Vitaminbomben in Orange auch gern. Und ohne die geht hier gar nichts: Sie stecken in Marmeladen und Säften, in Cremes und Ölen, in Gummibärchen und Trüffelkugeln. Am besten aber: im Cocktail!

Vielleicht ziehst du selbst los und ein paar Arbeitshandschuhe über, denn die kleinen Beeren werden, wie der Name schon sagt, von Dornen beschützt. Pack dir ein paar Beeren ein und mach dir später einen Caipirinha draus – einfach die Limetten durch den Sanddorn ersetzen. Was Besseres hattest du lange nicht im Glas!

Wenn du dir die Arbeit sparen willst und das Schütteln und Rühren ohnehin lieber anderen überlässt, dann geh in die Bar. Etwa in die *Coco Lounge* in Heringsdorf. Hier mixt der Chef noch selbst und das auf so nette und witzige Art und Weise, dass dir fast egal ist, ob das Zeug dann auch schmeckt. Tut es aber. Die Bar ist klein, das Ambiente stimmig, die Musik lässig. Einziges Manko: Draußen ist nicht viel Platz.

Im *La Conga* in Zinnowitz ist das anders. Die Terrasse vor der Bar ist groß. Was die Barkeeper aus dem Sanddorn rausholen, ob sie Sanddornlikör, -schnaps oder -saft mitmischen – lass dich überraschen. Und mach dich auf einen fröhlichen Abend gefasst. Denn sauer macht lustig, Alk bekanntlich auch – in diesem Sinne: Auf die Gesundheit.

12 Coco Lounge • Friedenstr. 13, 17424 Heringsdorf • facebook: cocolounge1

13 La Conga Bar • Waldstr, 5, 17454 Zinnowitz • facebook: Cocktailbar.LaConga

Eis am Strand Winterspaziergang und Aufwärmen am Kamin

Die Kombi Eis und Strand ist im Sommer ja schon unschlagbar, im Winter aber wird sie völlig neu interpretiert. Möwen schlittern über zugefrorene Wasserlachen und verschmelzen optisch mit dem Schnee. Und wenn die Ostsee an ihren Rändern gefriert, türmen sich Eisbrocken am Strand und funkeln in der Sonne wie ein Riesencollier von Swarowski – ein Anblick zum Dahinschmelzen.

So ein Strandspaziergang im Winter ist natürlich auch sehr gesund und macht munter. Aber klar ist es kalt! Und irgendwann sehnst du dich zurück ins Warme. Am besten an einen Kamin. Den findest du zum Beisiel in der Strandlounge des *Hotel Ostseeblick* in Heringsdorf. Hier kannst du mit deiner Tasse Tee in bequemen Sesseln versinken und hausgebackenen Kuchen naschen. Vielleicht blätterst du in den Zeitschriften und Bildbänden, während dein Blick ständig zum offenen Feuer wandert.

In Zinnowitz findest du im Konzeptstore von *Pier 14* nicht nur einen spannenden Mix aus Shopping und Speisen, sondern auch einen gemütlichen Platz am Kamin. Auf der Speisekarte stehen neben frischem Fisch und sanft geschmorten Fleischgerichten auch vegetarische und vegane Köstlichkeiten. Nach dem Essen solltest du dich noch an den Kleiderständern umschauen. Der Laden wurde 2018 zum »Store of the year« in der Kategorie Fashion gewählt und ist der ideale Ort, um deinen Zwiebellook schick aufzustocken – für den nächsten Strandspaziergang bei klirrender Kälte.

← Die gemütliche Lounge des Hotels Ostseeblick

← Eisschollen türmen sich am Strand – ein faszinierendes Spektakel

INSIDER-TIPP
Fashion shoppen

14 Lounge im Strandhotel Ostseeblick • Kulmstr. 28, 17424 Heringsdorf • strandhotel-ostseeblick.de

15 Pier 14 Restaurant • Neue Strandstr. 36, 17454 Zinnowitz • pier14.de/restaurant

Hat da jemand »Essen« gesagt? Na klar! Aber nur das leckerste und nur in der schönsten Umgebung. Geh auf Foodietour, teste das perfekte Fischbrötchen, Pommerntapas und herrlich alten Käse. Und dazu ein Gläschen Usedom-Wein?

Die Leckerbissen

Verführerisches
von süß bis deftig

Die Leckerbissen

Puristen am Werk
Das perfekte Fischbrötchen

Was ist eigentlich ein perfektes Fischbrötchen? Klar, Fisch und Brötchen müssen frisch sein. Aber was kommt neben Matjes, Lachs und Aal noch drauf? An den Imbissbuden von Usedom läuft die Antwort meist auf Salat, Zwiebel und Remoulade hinaus – nur die Menge macht den Unterschied. »Alles Schnickschnack!«, sagst du und winkst ab? Dann bist du bei den *Gebrüdern Schwarz* in Heringsdorf richtig, denn die finden das auch.

Hier kommt neben dem Fisch nur noch Zwiebel zwischen die Hälften – damit bloß nichts ablenkt vom Geschmack. Du kannst zugucken, wie das Brötchen vor deinen Augen belegt wird. Den Fisch haben die Jungs natürlich selbst geräuchert, über Buchen- und Erlenrauch. An Land holen sie den aber schon lange nicht mehr. Die Fischerei, von der noch das Boot auf dem Gelände zeugt, haben die Brüder beizeiten aufgegeben. »Lohnt sich nicht mehr«, sagen sie.

Dafür lohnt sich ein Abstecher auf ihr Areal direkt hinter dem Strand umso mehr. Komm am besten nicht zu spät, denn wenn der frisch geräucherte Fisch alle ist, wird zugesperrt. Die Butze ist sehr beliebt, also passiert das im Sommer schnell. Nimm am besten gleich noch ein Getränk dazu und setz dich dann auf die Bank an der Düne. Hier liegt dir der Strand zu Füßen.

Doch statt über das Meer wandert dein Blick vermutlich immer wieder über das urige Gelände. Wie aus der Zeit gefallen wirkt die Anlage. Buden und Boot könnten hier tolle Geschichten erzählen, echtes Seemannsgarn spinnen … Wenn du dann irgendwann endlich in dein Fischbrötchen beißt, hast du keine Fragen mehr. Das perfekte Fischbrötchen? Du hast es in der Hand.

← Bei den Gebrüdern Schwarz ist das Fischbrötchen minimalistisch perfekt

❶ Gebrüder Schwarz Fischräucherei • Fischerweg, 17424 Heringsdorf

Secco Solaris und Sanddornmarmelade
Shoppen in der Inselmühle

→ Im schicken Bistro der Inselmühle kannst du gut essen und mal Pause machen

Der Name führt gleich zweispurig in die Irre, denn hier drehen sich keine Räder im Wind. Die alte Bockwindmühle steht schon lange nicht mehr und deren Nachfolger aus dem Jahr 1914 setzte bald auf die Kraft von Maschinen statt auf den Wind. Auch wird hier nicht mehr gemahlen, sondern gequetscht und gepresst. Denn die frühere Getreidemühle ist jetzt eine Manufaktur für Säfte, Öle und Marmeladen. *Inselmühle* nennt sie sich. Wegen der Geschichte. Und weil das meiste, was hier verarbeitet wird, von der Insel kommt: der Raps, die Leinsaat, die Sonnenblumen, das Obst und Gemüse. Auf einer Führung durch die Manufaktur kannst du selbst sehen, wie das goldene Öl in Fläschchen fließt.

Kaufen kannst du die Produkte in dem schicken Pavillon direkt zwischen Manufaktur und Bundesstraße, in dem sich auch das hauseigene Restaurant befindet. Eine überdimensionierte Ölflasche weist dir den Weg. Deck dich am besten gleich ein: mit dem nussigen Rapsöl beispielsweise, der leckeren Sanddornmarmelade, dem frischen Apfelsaft und dem feinen Wein von Schloss Rattey auf dem Festland. Der Schaumwein Secco Solaris schmeckt herrlich fruchtig. Du bist hungrig? Dann setz dich ins lichtdurchflutete Bistro, wähle eine Speise – und genieße die Insel. Wenn du erst mal hier warst, kommst du bestimmt wieder: Denn mit den Ölen und Marmeladen bringst du jedes Mal ein Stückchen Usedom mit nach Hause, perfekte Mitbringsel sind sie außerdem.

 Inselmühle Usedom • Bäderstr. 9, 17406 Usedom • inselmuehle-usedom.de

Die Leckerbissen

Iss dich gesund Mit der Kraft der Elfen

→ Die Magie des Ortes und des Augenblicks genießt du im Bistro N'avi

Kein Wunder, dass eine Elfe diesem Ort seinen Namen gab. Denn kaum hast du den Campingplatz in Sellin betreten, bist du verzaubert: von der herrlichen Lage direkt am Schmollensee, von dem üppigen Grün überall, von der Ruhe und Kraft, die dieser Ort ausstrahlt. *Nandalee* also heißt er, wie die starke und furchtlose Elfe, deren Zauberkraft aus der Natur wächst.

Mittendrin liegt das *Bistro N'avi* mit seiner schönen Terrasse, einem lauschigen Pavillon und einer gemütlichen Sommerbar. Ein altes Tempeltor aus Nordindien steht am Rand, Buddha lächelt aus dem Grünen. Da möchtest du dich einfach nur noch hinsetzen und deine Seele baumeln lassen, so wie es die Lampenschirme im Geäst über dir tun. An kalten Tagen knistert drinnen ganz verlockend ein Kamin.

Auf der Karte findest du garantiert etwas Passendes, denn vieles ist vegetarisch, wenn nicht vegan – alles aber von guter Qualität. So kochen die Macher ausschließlich mit Steinsalz und Rohrohrzucker und schmecken gern mit gesunden Gewürzen ab, wie Knoblauch, Kurkuma, Chili, Ingwer und Salbei. Wie wäre es mit einem Pita-Burger oder einer Currywurst? Oder probier mal die Falafel! Denn die Petersilie dafür wird extra reichlich im eigenen kleinen Garten angebaut. Wie überhaupt sämtliche Kräuter, die essbaren Blumen und der eine oder andere Salat. Der Ruccola etwa, der hat noch richtig Schärfe.

Vor gut 20 Jahren hat sich Corina Ludwig in diesen verträumten Campingplatz verliebt und ihn 2012 vor dem Verfall gerettet. 70 Stellplätze verteilen sich hier über Terrassen und hinter Hecken so charmant, dass sogar Campingmuffel direkt einchecken wollen. Das gute Essen hättest du dann fast jeden Tag (Dienstag und Mittwoch ist Ruhetag).

INSIDER-TIPP
Fantastische Falafel

Bistro N'avi • Nandalee Camping • Sellin 17A, 17429 Heringsdorf OT Sellin • nandalee-camping.de

Die Leckerbissen

Die Leckerbissen

34

Vom Gourmettempel in die Bauernstube
Sternekoch steigt aus

Auf den ersten Blick ist die *Bauernstube Morgenitz* eines dieser rustikalen Lokale, die du auf dem Land häufiger findest. Mit gemütlichem Kachelofen, üppigen Portionen und hübschem Garten. Was ist daran jetzt so besonders? Der Koch! Mit Vierzig hatte er vieles erreicht, wovon andere nur träumen: Der Gault-Millau hat ihn als »Entdeckung des Jahres« gefeiert, der Guide Michelin mit einem Stern gekrönt und das Fernsehen mit einer eigenen Kochsendung beglückt. Und dann? René Bobzin tauschte den Gourmettempel in Bansin gegen jene Bauernstube im Hinterland, die Haute Cuisine gegen eine einfache, bodenständige Küche und die gediegene Atmo eines Sterne-Restaurants gegen »eine Esskultur, die man sonst nur aus Omas Zeiten kennt«.

Auf den Tisch kommt in erster Linie Fisch, fangfrisch aus dem Achterwasser und Peenestrom und am besten brutzelnd in einer riesigen Pfanne, die der Koch direkt in die Mitte stellt. Vielleicht ist Zander dabei, dieser köstliche Fisch, der durch das Salzwasser im Peenestrom, so findet der Chef, ein ganz besonderes Aroma hat. Auch Dorsch, Barsch und Schnäpel landen regelmäßig in der Pfanne. Vielleicht sind auch ein paar Stinte dabei, »Gurkenfisch« genannt, weil der Winzling nach Gurke riecht, wenn er frisch ist. Wenn das Wasser der Ostsee schön kalt war, gibt es sogar Lachs. Zum Fisch werden Kartoffeln serviert: als Bratkartoffeln, als Buttermilchkartoffeln oder als Pommersche Fischkartoffeln, einer Art Stampfkartoffeln, dessen traditionelles Rezept Bobzin noch verfeinert hat – einmal Gourmet, immer Gourmet. Du bist auf den Geschmack gekommen? Dann reservier dir gleich mal einen Tisch bei den Bobzins. Denn ohne Voranmeldung geht da nix.

← Esskultur aus Omas Zeiten in der Bauernstube Morgenitz

4 **Bauernstube Morgenitz • Dewichower Str 5, 17429, Mellenthin • bauernstube-morgenitz.de**

Mach mal rüber
Polnisch essen in Świnoujście

Nach Polen rüberzumachen, ist aus vielen Gründen eine gute Idee. Andere Sprache, andere Geldscheine, vor allem aber: anderes Essen! Immer vorausgesetzt, du bleibst nicht an der Promenade bei Pizza und Schnitzel hängen. Wie auch bei uns findest du gute einheimische Hausmannskost nicht an jeder Ecke. Du musst wissen wo. So versteckt sich ein großartiges Restaurant zum Beispiel in der weitläufigen Festungsanlage aus der Preußenzeit. Im *Prochownia* sitzt du im urigen Backsteingewölbe oder draußen im verwunschenen Garten und freust dich über großzügige Portionen. Probier unbedingt mal den Borschtsch, die Rote-Beete-Suppe mit diversen Einlagen, oder die Pierogi Ruskie, die leckeren Teigtaschen mit Kartoffel-Frischkäse-Füllung.

↓ **Die Deko im Kurna Chata ist ziemlich üppig-barock**

Auch das *Kurna Chata* steuerst du am besten direkt an. Es liegt günstig in einer kleinen Straße zwischen zwei schönen Parkanlagen. Drinnen sieht es ein bisschen so aus, als hätte deine polnische Oma alle Blumensträuße von Opa unter die Decke zum Trocknen gehängt, und auch an den Wänden ist vor lauter Krimskram kein Platz mehr. Du weißt gar nicht, wo du zuerst hingucken sollst – bis die Riesenportion vor dir deine ganze Aufmerksamkeit bekommt. Der Bigos im ganzen Brot zum Beispiel, der altpolnische Eintopf mit Fleisch, Sauerkraut und Pilzen.

Auch wenn es nach einem Essen im polnischen Restaurant unmöglich erscheint, lass noch etwas Platz im Magen. Dann kannst du dir später auf der Promenade noch reichlich Sahne und Erdbeeren auf eine Waffel hauen lassen. Das typisch polnische to go-Dessert kommt sogar in den Nationalfarben Rot und Weiß daher.

5 **Prochownia • Jachtowa 4, 72-600 Świnoujście, Polen • prochownia1853.business.sitee**

6 **Kurna Chata • Marszałka Józefa Piłsudskiego 20, 72-600 Świnoujście, Polen • kurnachataswinoujscie.eatbu.co**

Matjeshäckerle und Minibacktüfte
Pommern in Happen

→ Dekorativ angerichtete Tapas in der Remise lassen dich eintauchen in die Pommersche Küche

Auf der Speisekarte eines Restaurants mit guter deutscher Küche stehen doch tatsächlich Tapas! Das kommt dir vielleicht etwas spanisch vor? Genauso wie die unendlichen Strände Usedoms (könnte auch die Costa Brava sein!) oder die streitenden Wisente im 5 km entfernten Gehege (erinnern doch an Stierkämpfe!). Aber die Tapas im *Restaurant Remise* sind keine Oliven oder frittierten Sardellen, sondern Happen aus Pommern. Wie eine Einführung in die hiesige Küche liest sich die Liste der Pommerntapas. Fisch darf da natürlich nicht fehlen. Wie wäre es etwa mit Matjeshäckerle mit Äpfeln und Zwiebeln? Auch Wild ist wichtig. Das Fleisch für die Wildbratwurst mit Preiselbeersenf schießt übrigens der benachbarte Jäger direkt auf der Insel. Der Chef empfiehlt auch gern das geschmorte Spanferkelbäckchen sowie den gebratenen Blutwursttaler auf Apfelragout. Und wenn du dich fragst, was Tüfte sind: Das ist platt für Kartoffel. Im Schälchen wird sie als Minibacktüfte mit Kräuterquark und Leinöl serviert.

Deine kulinarische Reise durch die Pommersche Küche genießt du am besten draußen auf der Terrasse mit Blick auf das kleine Schloss, zu dem übrigens ursprünglich auch das Gebäude der Remise gehörte: Hier standen einst die Kutschen der Gräfin von Schwerin. Apropos! Ein Kutscher soll maßgeblich bei der Entstehung der Tapas in Spanien beteiligt gewesen sein. Der hätte nämlich im Suff fast König Alfonso überfahren, worauf dieser veranlasste, man solle Wein nur noch mit kleinen Speisen servieren, damit die Leute nicht so schnell die Kontrolle verlieren. Womit wir beim Wein wären ...

 Pommerntapas im Restaurant Remise • Alte Dorfstr. 7, 17406 Stolpe • restaurant-remise-schloss-stolpe.de

Jenseits von Afrika
Für alle, die wild nach Wild sind

→ Wildburger bekommst du in der stylishen Safaribar – bereit?

INSIDER-TIPP
Hier wirds noch wilder

Die Tierköpfe da über der Bar, die so echt aussehen, sind kein Fake. Die hat der Chef in Namibia selbst gejagt. Was Hoteldirektor Werner Molik allerdings jenseits von Afrika so vor die Flinte bekommt, nämlich auf seinem 200 ha großen, eigenen Jagdrevier bei Wolgast, bekommst du hier in der *Safaribar* zwischen zwei Brötchenhälften serviert: als leckeren Wildburger. Wenn du Hirsch, Reh und Wildschwein magst, bist du auf Usedom ohnehin richtig. Hier steht nicht nur reichlich Wild im Wald, sondern auch auf der Karte. Immer im Herbst wird das magere Fleisch bei den Wildwochen besonders zelebriert. Da macht das Strandhotel Heringsdorf, wozu die Safaribar gehört, mit dem Restaurant Heinrich's natürlich mit. Du magst den Burger lieber klassisch mit Rind? Auch gut. Denn der Hoteldirektor züchtet auch Black Angus-Rinder. Die sorgen für köstlichste Patties.

Viel Wild gibt es auch in der *Pferdetränke* in Krummin. Das Ambiente aber könnte kaum unterschiedlicher sein. Statt schicker Hotelbar erwartet dich hier ein uriges Gartenlokal mit liebevoll bekritzelten Schildern. Statt der Meeresbrise weht würzige Landluft um deine Nase. Die Wildbratwurst ist legendär. Dazu wird hier gern das Inselbier von der Privatbrauerei zu Heringsdorf empfohlen. Oder du bestellst eine Auswahl hausgemachter Wildspezialitäten aus Usedomer Wäldern: Schinken, Salami, Frühstücksfleisch … Das kannst du übrigens auch alles direkt im kleinen Hofladen kaufen. Du magst Tiere lieber lebendig? Auch dann bist du hier richtig. Zur Pferdetränke gehört nämlich auch ein Streichelzoo mit Eseln, Ziegen und Meerschweinchen.

8 **Safaribar im Strandhotel Heringsdorf • Liehrstr. 10, 17424 Heringsdorf • strandhotel-heringsdorf.de**

9 **Zur Pferdetränke • Dorfstr. 31, 17440 Krummin • pferdetränke-krummin.de**

Die Leckerbissen

Das große Dinnerwandern Laufend genießen beim Grand Schlemm

Ein Gourmetmenü und ein Strandspaziergang sind prinzipiell eine gute Kombi – egal, womit du beginnst. Die Bewegung an der frischen Luft sorgt entweder für ordentlich Appetit (vorher) oder eine prima Verdauung (später). Am besten aber läufst du sowohl vor wie nach dem Essen und zwischen den Gängen auch. Macht nur keiner.

← Kulinarische Überraschungen und geniales Beach-Ambiente beim Grand Schlemm

Es sei denn, es ist *Grand Schlemm* in den Kaiserbädern. Denn dann latschen Hunderte von einem Gang zum nächsten, und zwar immer am Strand lang. An zehn Zelten zwischen den Seebrücken von Ahlbeck und Bansin kredenzt jeweils ein Spitzenkoch der Insel seine kulinarische Köstlichkeit und ein namhafter Winzer den passenden Wein dazu. Beides genießt du am Stehtisch oder an der hübsch eingedeckten Tafel im Sand mit bestem Meerblick.

Und was liegt da so auf dem Teller? Einen Vorgeschmack gibt ein Blick in die Vorjahre: Safran-Vanillesuppe mit Hummerpraline, Maischolle Pina colada oder eine Trilogie von Topinambur mit geräuchertem Müritzstör und Sanddornsauce gab es da beispielsweise. Appetit bekommen? Dann besorg dir beizeiten ein Ticket und halt dir den Samstag nach Christi Himmelfahrt frei.

Monate vorher treffen sich die Köche übrigens zum Probekochen. Dabei stellen sie sich nicht nur gegenseitig ihre Kreationen vor, sondern müssen sie gegenüber den Kollegen sogar verteidigen. Manches Gericht fliegt auch hochkant raus. Die Idee zum Dinnerwandern hat übrigens der Heringsdorfer Hotelier Uwe Wehrmann aus Italien mitgebracht. Da kommt ja kulinarisch bekanntlich viel Gutes her.

 Grand Schlemm • Start: Seebrücke Ahlbeck • grandschlemm.de

Die Leckerbissen

Mehr als Matjes In den Koserower Salzhütten und dahinter

»Silber des Meeres« nennt man den Hering auch und das hat nicht nur mit seinen Schuppen zu tun. Einst lebte die Insel vom Geschäft mit dem Fisch. Als es noch keine Dosen gab, um ihn zu konservieren, kippte man kiloweise Salz über die Tonne voll Hering, bevor man sie auf Kutschen lud. Das Salz lagerte in fensterlosen Hütten mit Reetdach, von denen noch ein paar in Koserow stehen. Heute findest du in den *Koserower Salzhütten* eine Fischräucherei, ein Restaurant, ein Museum und kleine Geschäfte. Es macht Spaß, hier durchzulaufen, vor allem am frühen Vormittag, wenn sich der Duft aus dem Räucherofen mit dem des Lavendels mischt, der üppig vor den hübschen Hütten steht. Wenn du was erleben willst, komm im Frühjahr zu den Usedomer Heringswochen her, wo sich etwa zehn Tage lang auf den Speisekarten, in Vorträgen und bei Führungen alles um den Hering dreht. Mit dem traditionellen Heringspulen an der Seebrücke in Koserow, nur wenige Schritte von den Salzhütten entfernt, endet das Event.

Wenn du an den Salzhütten bist, schau unbedingt auch hinter die Kulissen. Denn hinter dem historischen Ensemble wartet *Udo's Fischräucherei* mit ganz heutigen Bierbänken. Den Hering genießt man hier auch gern als Matjes auf dem Brötchen. Oder du kaufst deinen Fisch direkt bei einem der letzten Fischer der Insel ein paar Meter weiter Richtung Strand an der *Räucherhütte Sadewasser* – Geschichte gibt es gratis dazu. Seit 1860 leben die Sadewassers vom Fisch.

← Üppige Rauchschwaden durchziehen die Koserower Salzhütten – bekommst du Appetit?

INSIDER-TIPP
Hering für Profis

11 Koserower Salzhütten • links der Seebrücke, 17459 Koserow • koserower-salzhuette.de

12 Udo's Fischräucherei • Am Strande 3, 17459 Koserow

13 Räucherhütte Sadewasser • Am Strande 1, 17459 Koserow • fisherman-sad.de

Futter für die Seele
Die schönsten Hofcafés auf der Insel

→ Im Gnitzer Seelchen kommst du dem Paradies schon sehr nahe

Im Urlaub sollte man die Seele ja nicht nur baumeln lassen, sondern auch gut füttern. In den schönen Hofcafés geht beides. Erst recht, wenn der Ort sogar noch *Seelchen* heißt wie in Neuendorf auf dem Gnitz und jedes Stück Kuchen Soulfood vom feinsten ist. Schon im Garten gibt es viel zu entdecken, einen Buddha unter Birnen oder eine »Kusshaltestelle«. Du bestellst im industrialschicken Backsteinbau bei den netten Menschen am Tresen. Was dich sonst noch erwartet, haben die Gastgeberinnen auf eine Tafel geschrieben: »Keine Termine, kein WLAN, keine Kartenzahlung – nur Landluft und Ruhe«. Klingt super, oder?

Auch im Gartencafé *Zur Naschkatze* in Krummin weißt du gar nicht, wo du zuerst hinschauen sollst, es wird auf jeden Fall nicht die Karte sein. Denn zwischen dem üppigen Grün ziehen viele lustige Details die Blicke an: der Kronleuchter im Baum, die von Blumen umrankte Anziehpuppe aus Draht und nicht zuletzt die streunende Katze, denn der Name kommt nicht von ungefähr. Lass dich nieder, wo Platz ist und widme dich dann den leckeren Torten.

Bei *Tante Wally* in Neppermin stehen die Tische im Hof um einen plätschernden Brunnen in der Mitte. Und auf diese kommen selbstgebackene Torten und italienisches Eis im Becher. Besonders beliebt ist die Gewittertorte. Doch sollte es tatsächlich mal Blitzen und Donnern, einfach den Kuchen schnappen und in der gemütlichen Kaminstube Zuflucht finden.

14 Gnitzer Seelchen • Zinnowitzer Str. 2, 17440 Lütow Ortsteil Neuendorf • gnitzer-seelchen.de

15 Gartencafé Naschkatze • Dorfstr. 25, 17440 Krummin • zur-naschkatze.de

16 Hofcafé Tante Wally • Schulstr. 21, 17429 Neppermin • cafe-tantewally.de

Die Leckerbissen

Die Leckerbissen

Das beste Eis des Landes Von der Usedomer Eisprinzessin

»**Jetzt ein Eis!**«, diesen Stoßseufzer unter gleißender Sonne hat der Strand vermutlich schon so oft gehört wie er Sandkörner hat. Da alle paar Meter eine Eisfahne den Weg weist, ist das Bedürfnis meist schnell gestillt. Doch wer so richtig gutes Eis schlecken will, muss die Promenaden hinter sich lassen und nach Koserow auf die Hauptstraße gehen. Denn da mitten im Ort befindet sich mit dem *Café Moritz* erwiesenermaßen nicht nur die beste Eisdiele Usedoms, sondern von ganz Meck Pomm – das hat die Ostsee-Zeitung 2020 per Umfrage ermittelt.

Café-Chefin Doreen Grambow-Knuth ist also die Eisprinzessin im ostdeutschen Norden. Und wie es sich für eine solche gehört, ist sie nicht nur blond und groß, sondern hat auch ein liebenswertes Gefolge, auf das sie sich voll und ganz verlassen kann. Da sind neben Ehemann und Mitarbeitern vor allem die Eltern. Mutter Bärbel backt die Torten und Kuchen, ihre Sanddorn-Sahne-Torte ist legendär! Vater Udo wiederum macht das Eis, in der Saison sogar jeden Tag frisch. Seit gut 30 Jahren produziert er die verschiedensten Sorten, zuerst in eigenen Cafés in Mecklenburg, seit 2004 in dem der Tochter hier auf Usedom.

Und was kommt in die Tüte? Du kannst aus mehr als 30 Eissorten wählen. Wie wäre es mit Creme-Brulée, Butterkeks-Eis oder Milchreis-Heidelbeer? Die Sorte Dunkle Schokolade ist nicht nur köstlich, sondern auch komplett vegan. Und Buttermilch-Sanddorn sollte allein schon wegen der schönen orangeroten Farbe ins Hörnchen. Du kannst dich aber auch auf die Terrasse setzen und dir aus über 40 Eisbechern einen aussuchen – was auch immer du wählst, es wird üppig und sehr lecker.

← Eisbecher zum Träumen im Café Moritz – was darfs denn sein?

Café Moritz • Hauptstr. 100, 17459 Koserow • cafe-moritz.de

Very british Hightea gegen das Nachmittagstief

→ Teatime – perfekt inszeniert im Luxushotel Ahlbecker Hof

Eine gepflegte Teestunde wirkt wahre Wunder gegen das allnachmittägliche »sinking feeling«. Über solch flaues Gefühl nämlich klagte einst die Duchess of Bedford zur immergleichen Stunde, weshalb die Briten etwa im Jahr 1840 den Five o'clock Tea erfanden – eine Vesper so herrlich reich an Kalorien wie Teein und heute so typisch britisch wie die Beatles und die Queen. Da aber auch an der deutschen Küste so ein »sinking feeling« fatal sein kann, ist es gut zu wissen, wo dich die nächste Teatime an den Kamin lockt: im Ahlbecker Hof nämlich.

Formvollendet wird der High Tea hier zelebriert. Auf der obligatorischen silbernen Etagere liegt alles, was die Briten zum Tee gern genießen: ganz unten die Sandwiches (traditionell belegt mit Gurke, Lachs und Frischkäse), darüber die klassischen Scones (eine Art Minibrötchen, hier nach eigenem Rezept frisch gebacken) mit Marmelade und Clotted Cream (die britische Antwort auf Mascarpone) und ganz oben noch allerlei Pralinés und andere Verführungen.

Und dann der Tee! Kellner Tom Dressel hat sich eigens von Ronnefeld zum Tea Master Gold ausbilden lassen und trägt seine auserwählten Tees in einem kleinen Schatzkästchen bei sich. Vielleicht entscheidest du dich für den Weißen Tee, der so heißt, weil ein seidenartiger Flaum die jungen Blattknospen umhüllt. Er gilt als edelste Teesorte der Welt. Oder probier mal den Oolong Tee mit seinem nussig-fruchtigen Charakter, von dem du vielleicht noch nie gehört hast und der echt eine Entdeckung ist. Und dann lehne dich ganz entspannt zurück, schau dem Feuer im Kamin beim Lodern und schicke die Gedanken über die Inseln. Na, fühlst du dich schon very british?

Seetelhotel Ahlbecker Hof • Dünenstr. 47, 17419 Heringsdorf • Bitte um Voranmeldung • seetel.de

Je oller, desto doller Geschmacks-challenge in der Inselkäserei

→ Import aus den Bergen im Süden: der Vollblut-Käser Steffen Schultze

Bergkäse auf Usedom? Damit keiner dumm fragt, wo denn bitte der Berg sei, hat der findige Käser eine Skizze auf die Vitrine geklebt: »Eine Insel ist ein Berg« steht drauf und wenige Linien zeigen, wie sich der Hügel aus dem Wasser wölbt. Das also wäre geklärt. Was Steffen Schulz, der dir Kostproben seiner Käsekunst ungefragt über die Theke reicht, allerdings nicht verrät: Auch die Käse-Verkostung ist selbst eine Art Bergbesteigung.

Denn während der junge Käse noch leicht über den Gaumen geht, sind die älteren für ihn schon eine Herausforderung. Je oller, desto doller: Mit den Jahren wird der Laib immer dunkler und kleiner, der Geschmack intensiver. Kaum an Käse erinnert der bald, eher an Schokolade oder Lakritz. »Passt prima zu Wein oder Espresso«, sagt der Käser, während dein Gaumen mit dem Dreijährigen kämpft. Na, schaffst du den Gipfel hoch zur 5-er-Marke – oder steigst du vorher aus und lässt dir den jungen einpacken, den Usedomer oder den Hartkäse? Vielleicht nimmst du auch etwas von dem Ziger mit, einer Art Ricotta. Der steckt übrigens auch in dem sensationellen Käsekuchen – am besten setzt du dich damit raus auf die Bank und genießt den idyllischen Blick in die Landschaft.

Seit 2001 betreibt Steffen Schultze seine Käserei in dem alten Bauernhof am Ortstrand von Wetzin. Aufgewachsen ist er im Schwarzwald, schon als Bub verbrachte er seine Zeit am liebsten in den Bergen. Ein Bild von der Schweizer Alm, auf der er als 15-Jähriger Kühe gemolken hat, hängt noch als Erinnerung in der Schaukäserei – hier erklärt dir der ausgebildete Vollkäser gern, wie er seinen Käse nach alten Schweizer Rezepten rührt und presst.

INSIDER-TIPP Käsekuchen vom Käser

 Inselkäserei Usedom • Welzin 30, 17406 Welzin • inselkaese.de

Die Leckerbissen

Nördliche Reben
Ein Weinberg auf Usedom

»**Nördlichster Weinberg Deutschlands**« **steht vor den Reben geschrieben.** In Vino Veritas, das ist klar. Aber ob Schilder immer die Wahrheit verkünden? Fakt ist, dass auch auf Sylt Wein gelesen wird und das liegt sehr viel nördlicher als Loddin auf Usedom. Fakt ist auch, dass Hobbywinzer und Gastwirt Peter Noack nicht nur Wein, sondern gern auch ein bisschen Seemannsgarn produziert.

So will er dir vielleicht weismachen, dass der Wein nur deswegen um Räder rankelt, damit er ihn alle paar Stunden in die Sonne drehen kann. Das ist natürlich schon deshalb Quatsch, weil der Wein hier nicht nur auf einem Südhang wächst, sondern vor allem auf Usedom mit den berühmten 2000 Sonnenstunden im Jahr. Auch sonst haben die Reben aus Deutschland, Italien, Spanien, Australien und Südafrika, die am Ende ein Cuvée ergeben, beste Bedingungen: Die steife Brise verhindert Staunässe und im Sandboden sorgen Muschelreste für gute Nährstoffe.

Noacks Wein wird fachmännisch vom Winzer Glock aus Spanheim an der Nahe gekeltert und bekommt durchweg gute Rezensionen. Einzige Kritik: Es gibt zu wenig davon. Maximal 80 bis 100 Flaschen werden jährlich gekeltert, für den Verkauf reicht das nicht. Wer aber im Restaurant *Waterblick*, das direkt hinter den Reben liegt, freundlich fragt, darf ein Schlückchen vom Loddiner Abendrot probieren.

Der hauseigene Wein ist übrigens das einzige, womit hier gegeizt wird. Die Portionen sind üppig und schmecken wie bei Muttern, das Ambiente ist urig und der Blick auf die Abendsonne einmalig. Das alles hat sich herumgesprochen, also unbedingt vorher reservieren.

← Ob du im Waterblick ein Schlückchen des raren Usedomer Vinos ergattern kannst?

 Restaurant Waterblick • Am Mühlenberg 5 • 17459 Loddin • waterblick.de

Kunst & Kultur! Zum Gucken. Zum Machen. Zum Mitmachen. Und manchmal auch zum Kaufen. Im Museum oder an der frischen Luft. Lerne von Bootsbauern und Bildhauern, freu dich auf Theater in der Kirche und Musik im Kraftwerk. Hier gibt's jede Menge kreativen Input!

Die kreativen Orte

Kunst & Kultur
von gediegen bis hipp

Manne oder Adelheid? Übernachten in der Post

→ Speisesaal und Unterwasserzimmer im 100Haus zeigen, wie zielgruppengerechtes Styling geht

INSIDER-TIPP
Stilecht posteln

Hier haben die Zimmer nicht nur Nummern, sondern vor allem Charakter. »Manne« ist so einer. Der liebt seinen Schrebergarten über alles und so zieren lustige Gartenzwerge den grasgrünen Teppich. »Adelheid« wiederum scheint eine Agentin zu sein – mit der Perücke im Siebziger-Jahre-Regal und all den Zeitungsartikeln an der Wand. Aber niemand weiß das so genau. Am besten aber checkst du bei »Thilo, der Taube« ein, wo hunderte Postkarten eine ganze Wand tapezieren. Das 32 qm große Doppelzimmer verspricht nämlich nicht nur den meisten Komfort, sondern führt dich auch ganz sanft in die Geschichte des Hauses ein.

Denn hier befand sich einst die Post. 2014 hat der gelernte Schmiedemeister Martin Schröter in dem Gebäude aus dem Jahr 1884 sein Hotel und Hostel eröffnet – als »Postel«. Die Leute aus Wolgast kommen dennoch vorbei, ohne Pakete natürlich, aber manchmal mit Instrumenten: Am ersten Freitag im Monat ist Jam-Session im Foyer. Auch gibt es Lesungen, Konzerte und Partys im alten Heizungskeller.

Weil das so gut funktioniert hat, baute Schröter auch eine alte Schule um: Das *100Haus* ist nun eine Herberge für Klassenfahrer. Schüler des Wolgaster Runge-Gymnasiums entwarfen im Kunstunterricht ihre Traumzimmer: im Gamedesign mit schrillen Pixeln an den Wänden, als Unterwasserwelt ganz in blau oder à la Hühnerstall mit Mistgabeln als Garderobenhaken. »Klassenmampf« heißt der Speisesaal, über den ein riesiges Porträt von Tamara Bunke wacht, Freundin des Revolutionärs Che Guevara und Namensgeberin des Hauses, als dies noch eine Berufsschule war.

1 Postel • Breite Str. 26 • 17438 Wolgast • post-aus-wolgast.de

2 100Haus • Unterwall Str. 18a • 17438 Wolgast • 100haus.de

Die kreativen Orte

Kraftwerk als Konzertsaal Usedomer Musikfestival

Konzerte in einem alten Industriegebäude auf Usedom? Als man beschloss ein altes Kraftwerk mit klassischer Musik zu füllen, war das keine hippe Idee kreativer Touristiker. Es war die Musik selbst, die diesen ungewöhnlichen Ort wählte: Im Jahr 2002 sollte während des Usedomer Musikfestivals Benjamin Brittens »War Requiem« aufgeführt werden – 40 Jahre nach dessen Uraufführung in der Kathedrale von Coventry, die im Zweiten Weltkrieg zerbombt und danach wieder aufgebaut wurde. War es da nicht logisch, die Musik dort ertönen zu lassen, wo einst die Raketen für diesen schrecklichen Krieg entwickelt wurden: in Peenemünde?

↓ **Im Kraftwerk aus der Nazi-Zeit erlebst du heute starke Musik-Sessions**

Von der früheren Heeresversuchsanstalt ist heute nicht mehr viel zu sehen. Krieg und Sowjets haben die meisten Gebäude dem Erdboden gleichgemacht. Nur das *Kraftwerk* nicht, denn das brauchte die Insel noch. Bis 1990 versorgte es die Region mit Energie. Seit jenem denkwürdigen Konzert mit 250 Musikern liefert es nun regelmäßig einen ziemlich guten Grund für einen Trip in Usedoms Norden: Die frühere Turbinenhalle ist fester und spannendster Veranstaltungsort des dreiwöchigen Usedomer Musikfestivals im Herbst.

Sobald das Veranstaltungsprogramm erscheint, also unbedingt Tickets für die Peenemünder Konzerte sichern! Denn ein Konzert in diesem außergewöhnlichen Ambiente musst du erlebt haben. Nicht zuletzt wegen der hochkarätigen Dirigenten (Alan Gilbert, Kristjan Järvi u. a.), Orchester (NDR Elbphilharmonie Orchester, Baltic Youth Philharmonic, BBC Singers u. a.) und Solisten – so trat hier z. B. der britische Cellist Sheku Kanneh-Mason auf, der schon auf der Hochzeit von Prinz Harry und Meghan Markle spielte.

 Kraftwerk Peenemünde • Fährstr. 10, 17449 Peenemünde • usedomer-musikfestival.de

Die kreativen Orte

Kannst du Kanu? Im Workshop das eigene Bötchen basteln

Kajak oder Kanu, Ruderboot oder Stand-up-Paddleboard – bei Bootsbaumeisterin Ursula Latus in Peenemünde kannst du dir selbst dein Bötchen aus Holz bauen, sofern du keine zwei linken Hände und stattdessen etwas Zeit mitbringst. Fünf Tage oder zwei Wochen dauert so ein *boot-workshop*, gewerkelt wird von 8 bis 17 Uhr.

← Ein Kurs im Bootsbau – das ist wirklich mal was anderes

    Klingt nach harter Arbeit? Kommt dir aber nicht so vor. Denn 1.) ist das Arbeiten mit Holz ein kontemplatives Vergnügen, das süchtig macht. 2.) fällt so viel Sonne durch die hohen Fenster der Halle, dass du den Strand kaum vermisst. 3.) strahlt die Lehrerin so viel Ruhe aus wie sämtliche Kiefernwäldchen Usedoms zusammen. Und 4.) schmeckt nach getaner Arbeit der Drink an der Hafenbar wie Feierabend- und Urlaubsbier in einem – von dem schönen Blick auf das geschichtsträchtige Peenemünde mal ganz zu schweigen. (Die Bar *Zum dünnen Hering* liegt übrigens auf einem alten Schiff und auf dem alten Segelschoner dahinter an Land kannst du sogar schlafen.)

    Aber wie baut man so ein Boot eigentlich? Zunächst sägst du die einzelnen Bauteile aus Sperrholz zurecht. Dann wird der Rumpf zusammengebaut: Mit Kupferdraht nähst du die Teile zusammen, setzt Leisten und Balken ein und verklebst die Nähte erst von Innen, dann kneifst du die überstehenden Drähte außen ab. So baust du auch das Deck auf und anschließend Sitze und Lehnen ein. Zum Schluss wird die Beschichtung aus Glasfaser und Exopidharz aufgetragen, die dein Boot an der Oberfläche hart und wasserdicht macht. Vielleicht schreibst du noch einen Namen drauf – fertig ist dein selbstgebautes Boot! Ein besseres Souvenir hast du nie nach Hause geschleppt.

 boot-workshop GmbH • Fährstr. 1, 17449 Peenemünde • boot-workshop.de

Die kreativen Orte

Auf dem Surfbrett ins Atelier Fotokunst in Zinnowitz

Bevor du die Galerie für Fotografie betrittst, zückst du vermutlich selbst deine Kamera. Denn das gesprayte Surfbrett auf dem Pflaster wird im Display zu 3-D! In dem kleinen Flachbau dahinter geht es plastisch weiter, denn Galeriebetreiber Matthias Gründling hängt seine Bilder nicht bloß an die Wände: Auf dem Boden häuft sich Ostseesand, darin liegen Fundstücke vom Strand und durch den Raum führt eine Art Steg, auf dem du dich Schritt für Schritt Gründlings Sicht auf die Insel näherst.

Stille Momente auf dem Achterwasser, Fischer auf ihrem Boot, Mohn auf dem Getreidefeld ... schöne, unaufgeregte Aufnahmen sind es, die man im Passepartout oder als Buch direkt mitnehmen kann. Wer auch so fotografieren will wie der Galerist und seine ausgestellten Kollegen, fragt nach dem nächsten Fotokurs, bei dem Gründling gern erklärt, wie sich das mit Blende, Iso und Verschlusszeit verhält.

Beigebracht hat sich Matthias Gründling das übrigens selbst. Schon als Kind fotografierte er gern, ging beruflich dann aber ganz andere Wege. Heute ist die Fotografie für den Arzt ein schöner Ausgleich zum Klinikalltag und die *Galerie Usedomfotos* ein Traum, den er sich im Jahr 2013 erfüllte.

Seine Tipps für gute Usedomfotos? Am besten ganz früh oder spät am Abend losziehen, wenn die Sonne die Insel in ein ganz besonderes Licht taucht. Dann mit der Kamera das Hinterland erkunden: die Steilküste am Gnitz, den Glaubensberg in Pudagla, die kleinen, verträumten Häfen ... Und wenn du dich am Strand schon abgearbeitet hast, ==dann lauf doch mal im Frühjahr über den Streckelsberg, wenn Tausende Leberblümchen einen blauen Teppich bilden.==

← **Galerist Matthias Gründling auf dem 3-D-Graffiti**

INSIDER-TIPP Wenn der Berg blau macht

Galerie Usedomfotos • Kirchstr. 4, 17454 Zinnowitz • usedomfotos.de

Gekommen, um zu bleiben Im Wohnhaus eines Meer-Malers

→ Sehen, wie er lebte: Die Wohn- und Arbeitsstätte von Otto Niemeyer-Holstein

Stell dir vor, du bist so ein junger Kreativer aus Berlin und segelst im Sommer mit deinem kleinen Boot, das du »Lütter« taufst, hinter Usedom rum. Vom Wasser aus entdeckst du ein hübsches Fleckchen Erde, du bindest den »Lütten« an eine krumme Weide und gehst an Land. Was du siehst, gefällt dir so gut, dass du beschließt, hier jeden Sommer zu verbringen. »Lüttenort« nennst du es. Du lässt dir einen ausrangierten S-Bahn-Waggon auf die Insel karren. In dem wohnst und werkelst du. Du bekommst viel Besuch, deine Partys sind legendär.

Irgendwann fährst du gar nicht mehr zurück nach Berlin. Du pflegst den Garten, baust immer mehr Räume an und natürlich auch ein Atelier. »Tabu« schreibst du auf das Glasfenster der Tür, damit das mal klar ist. Haus und Garten stellst du mit Kunst voll und du machst auch selbst welche. Deine Bilder, die du mit ONH signierst und die oft die Ostsee zeigen, kommen an. Du kriegst Preise und eigene Ausstellungen. Du bist glücklich. Du willst niemals von hier weg. Doch irgendwann bist du alt und musst sterben. Vorher aber verfügst du, dass dein geliebter Ort so bleiben soll, wie du ihn erschaffen hast. Und dein Wille geschehe.

Die Rede ist von Maler Otto Niemeyer-Holstein (1896–1984), der in den 1930ern die schmalste Stelle der Insel für sich entdeckte und diese in den folgenden Jahren in ein Kleinod verwandelte, das heute jedem zugänglich ist. Besuch das *Atelier Otto Niemeyer-Holstein*, nimm an einer Führung teil und schau dir in der Galerie nebenan die Kunst von heute an! ==Wenn du selbst kreativ werden möchtest, kannst du hier im Sommer einen Malkurs machen.==

INSIDER-TIPP
Malen lernen

 Atelier Otto Niemeyer-Holstein • Lüttenort, 17459 Ostseebad Koserow • atelier-otto-niemeyer-holstein.de

Die kreativen Orte

Klassiker unter dem Kruzifix Sommertheater in der Kirche

Kirchen sind ja in erster Linie geistige, nicht unbedingt kreative Orte. Doch die *Feldsteinkirche in Koserow*, übrigens die älteste Kirche an Usedoms Küste, hat schon so manchen beflügelt. Pfarrer Meinhold beispielsweise. Als der Anfang des 19. Jhs. aus Langeweile im Kirchenbuch blätterte und las, wie die Tochter seines Vorgängers als Hexe auf dem Scheiterhaufen landete, inspirierte ihn dies zu einer Kurzgeschichte. Er bot sie einer Zeitschrift an, doch die lehnte ab. Also schrieb er die Geschichte als Augenzeugenbericht auf und gab vor, das in Schweinsleder gebundene Manuskript in einer Nische unter dem Chorgestühl der Kirche gefunden zu haben. Wie clever! Kaum war »Die Bernsteinhexe« im Jahr 1843 erschienen, wurde sie zum Bestseller – und im Jahr darauf auch zum Bühnenstück.

Apropos Theater! Ungefähr 150 Jahre später, im Jahr 1999 wurde die alte Kirche zur Bühne. *Klassik am Meer* heißt das ambitionierte Sommertheater mit eigenem Ensemble, das jedes Jahr einen Theaterklassiker einstudiert. »Jedermann«, »Faust«, »Minna von Barnhelm«, »Kabale und Liebe«, der »Besuch der alten Dame«, »Warten auf Godot« – mehr als 500 Aufführungen hat das Kruzifix schon gesehen. Dabei werden die altbekannten Stücke oft mit altbekannten Gesichtern besetzt. Jürgen Kern, künstlerischer Leiter von »Klassik am Meer« und einst Regie-Meisterschüler am Berliner Ensemble, ist gut vernetzt und holt so manchen Promi auf die Insel – für die Stücke, aber auch für Lesungen und Konzerte. Ach ja, Meinholds »Maria Schweidler – Die Bernsteinhexe« wurde bei »Klassik am Meer« natürlich auch schon gespielt.

← Theater an einem ungewöhnlichen Ort: in der Kirche von Koserow

 Kirche Koserow • Fischerstr. 35, 17459 Koserow • klassik-am-meer.de

»Irgendwas mit Kunst« Villa Kunterbunt für Kreative in Neppermin

Das rote Haus an der B111 hatte es Carola Glaser sofort angetan. Mit fast 60 ließ sie ihre Fleischerei in Berlin-Neukölln weit hinter sich und brachte nicht nur frischen Wind in den großen Kasten, der vorher mal eine Dorfdisko war, sondern auch reichlich Berliner Luft. Die ist bekanntlich voller kreativer Impulse und so war auch bald klar, was Carola hier auf Usedom machen wollte, nämlich »irgendwas mit Kunst«. Und mit Kaffee und Kuchen.

← In jedem Winkel vom Kunsthaus Usedom gibt es Allerlei zu entdecken

Heute springen dich hier die Gemälde schon von der Fassade an. Davor stehen spannende Skulpturen und rechterhand versteckt sich eine überdachte Freiluftbibliothek mit 1500 Büchern in einer interessanten Holzschlange. Gleich vorn im roten Haus ist ein kleiner Tante-Emma-Laden. Da kannst du dir Kaffeepulver kaufen, über das du weiter hinten im Café Wasser gießen kannst. Auch Kuchen gibt es. Und Bockwürste.

Du kannst aber auch erstmal durch das Haus laufen und die Kunst bestaunen, die überall hängt. Ein Netzwerk von 35 Künstlern hat Carola Glaser mit den Jahren aufgebaut, die hier wechselnd ausstellen. ==Einmal im Monat, etwa immer zwischen dem 15. und 20., gibt einer von ihnen einen Malerei-Workshop.== Auch finden hier im *Kunsthaus Usedom* regelmäßig Lesungen, Theaterabende und kleine Konzerte statt. Und immer sonntags ist Tanztee.

INSIDER-TIPP
Workshop mit Farbakrobaten

Im Garten gibt es auch viel zu entdecken, z. B. lustige Keramikfiguren. Strandkörbe stehen im Grünen. Hier und da zieht eine Schaufensterpuppe blank. Das kannst du übrigens auch. Vor ein paar Jahren hat Carola Glaser den Garten zur FKK-Zone erklärt.

 Kunsthaus Usedom • An der Landstr. 1, 17429 Neppermin • kunsthaus-usedom.de

Inspiration erradeln
Was Bauhaus mit Rennrad zu tun hat

Die Jungs vom Bauhaus kamen auf ihren Fahrrädern nicht nur von A nach B, sondern auch sonst gut voran. Student Marcel Breuer inspirierte der Blick auf den Lenker zu den schicken Stahlrohrstühlen, für die das Bauhaus bis heute bekannt ist. Und Grafik-Prof Lyonel Feininger kaufte sich regelmäßig das neueste Rennrad-Modell, um sich damit auf die Suche nach Motiven zu machen – für seine schicken Ölgemälde, die wie Puzzles aus Prismen wirken.

← **Die Muskeln werden trainiert, der Geist inspiriert: auf dem Feininger-Radweg**

Zahlreiche Motive fand der gebürtige New Yorker auf Usedom. Ab 1908 kam er regelmäßig her, um seinen Block mit Skizzen zu füllen und lustige Briefe an seine Frau Julia zu schreiben, in denen er aus Neppermin wahlweise »Nevermind« oder »Peppermint« machte und erzählte, was er mit den Dorfkindern wieder für Quatsch angestellt hatte. Besonders angetan hat es Feininger übrigens die Kirche in Benz. Sogar im Jahr vor seinem Tod – da lebte er schon lange wieder in den USA – malte er sie drei Mal.

Dass die Insel Inspirationsquelle eines bedeutenden Künstlers der klassischen Moderne war, hat man auf Usedom erst nach der Wende umfassend erkannt. Heute führt ein Radweg an die Orte, wo Feininger seine Motive fand. Die kürzere Route ist 15 km lang, die größere 40 km. Bronzeplatten im Boden geben Auskunft über Motiv und Blickrichtung.

Also schwing dich aufs Rad und lass dich wie Feininger inspirieren. Vielleicht fährst du weniger auf Kirchen und Brücken ab, vielleicht entdeckst du anderes. Vielleicht willst du nicht malen, sondern lieber fotografieren, dichten, schnitzen oder kneten ... egal. Fahr einfach mal los und schau, was auf der *Lyonel-Feininger-Tour* passiert.

 Lyonel-Feininger-Tour • papileo.de/tour.html

Hau weg den Stein!
Beim Bildhauerkurs im Lieper Winkel

→ Im *Atelier Lieper Winkel* kannst du selbst ein steinernes Kunstwerk erschaffen

Was für den Schriftsteller das leere Blatt, ist für den Bildhauer der grobe Block. Schwer liegt der Klotz vor dir und wirft Fragen auf: Wie nur sollst du daraus eine Skulptur hauen? Was, wenn du zu viel wegkloppst oder zu wenig? Kommst du mit den Eisen klar, die schwer und ungewohnt in deiner Hand liegen?

Doch keine Sorge, du hast einen Profi an deiner Seite. Wolfgang Baumann heißt der, er hat erst Steinmetz gelernt und dann bei dem bekannten Bildhauer Richard Heß studiert. Seit 2006 wohnt und arbeitet er mit seiner Frau – sie selbst ist Möbeldesignerin – auf einem weitläufigen Grundstück im Lieper Winkel und bietet hier nun Bildhauerkurse für jeweils eine Handvoll interessierter Laien an. Ganztags von Montag bis Donnerstag kannst du unter seiner fachmännischen Anleitung den gut 35 kg schweren Sandstein behauen – mit Blick auf schöne Wiesen und die hübschen Rauwollschafe des Lehrers.

Doch zunächst brauchst du eine Idee, wie deine Skulptur aussehen soll. Vielleicht willst du ein Gesicht schaffen, ein Relief oder eine Tierfigur? Lass dich von der schönen Landschaft inspirieren. Und von den Arbeiten des Lehrers, die hier und da auf dem Grundstück sowie im Atelier in der alten Scheune stehen. Frauenakte sind dabei, Tierköpfe, Abstraktes. Zwar arbeitet Baumann figürlich, doch seine Werke sind mehr oder weniger konkret ausgearbeitet, haben oft noch etwas Rohes, Natürliches – und nehmen damit Druck raus: Es muss gar nicht filigran und glatt sein. Hast du eine erste Ahnung von deinem Werk, fertige eine Minivariante deiner Skulptur aus Ton an, die als Skizze fungiert. Und dann leg los!

 Atelier Lieper Winkel • Dorfstr. 15, 17406 Rankwitz OT Reestow • atelier-lieper-winkel.de/bildhauerkurse/

Die kreativen Orte

Ein Ort für die Muse
Schloss Stolpe

→ Einblick in die Vergangenheit: das Schlafzimmer von Gräfin Freda, der letzten Herrin des Schlosses

In einem Schloss findet bekanntlich nicht nur der Adel ein schönes Zuhause, sondern auch so manche Muse. Ein Musikzimmer ist Standard. Nicht selten steht eine Staffelei herum, auf jeden Fall aber ein schöner Sekretär, an dem sich seufzend Verse schmieden lassen, inspiriert vielleicht vom Blick in die Botanik, wo sich der Schlossgärtner gerade nach Gusto austobt. Und fällt so ein Schloss in einen destruktiven Dornröschenschlaf – wie in Stolpe im Hinterland von Usedom geschehen –, ist danach erst recht Kreativität gefragt.

Nach 1945 wurde die letzte Schlossherrin, Gräfin Freda von Schwerin, enteignet und an dem Bau alles weggekloppt, was nach Schloss aussah: die Turmspitzen, die Ornamente, die Rundbögen. In dem kastrierten Kasten kamen zuletzt eine Kneipe und ein Kinderferienlager unter. Um die Jahrtausendwende war das Schloss als solches kaum noch zu erkennen und fast nicht mehr zu retten. Die Gemeinde und ein rühriger Verein schafften es trotzdem.

Inzwischen können im ersten Stock das Schlaf- mit Badezimmer der Gräfin wieder besichtigt werden. Im Erdgeschoss wurde der Salon schick gemacht und der ehemalige Speisesaal in einen schönen Veranstaltungsraum verwandelt. Hier finden regelmäßig Konzerte, Lesungen, Theaterabende und Kunstausstellungen statt. Jedes Jahr gastieren das Usedomer Musikfestival und das Ostsee-Musikforum auf dem Schlosspodium. Es gibt Bücher- und Museumsstuben, und der Garten vor dem Schloss blüht zunehmend auf. Die Muse ist auch wieder ins *Schloss Stolpe* eingezogen und sitzt hier gern mal am Kamin. Setz dich dazu!

 Schloss Stolpe • Am Schloss 9, 17406 Stolpe auf Usedom • schloss-stolpe.de

Die Harten für den Garten Keramik jenseits des Gartenzwergs

Wer keinen Garten hat, wünscht sich sofort einen: um Platz zu haben für die schönen Skulpturen von Daniel Graf, die so lange im Ofen brannten, dass sie draußen bleiben dürfen. Denn wie heißt es doch so schön, nur die Harten kommen in den Garten. Bei dem Mann mit dem grimmigen Blick unter gelber Regenmütze scheint das auch vom Wesen zu gelten. Andere posieren cool im Bikini, sitzen verliebt im Boot oder schauen versonnen in die Landschaft. Dazwischen räkeln sich »lustige Viecher«, wie Graf sie nennt, Chamäleons, Ziegen, Fantasietiere.

← Zahlreiche Figuren bevölkern in Korswandt das Tonwerk Keramik

Doch nicht nur mit Steinzeugton arbeitet der Künstler. Auch aus altem Eisen macht er große Kunst und schweißt es – nicht selten mit viel Witz – zu Frauenfiguren, Segelbooten, Fischen oder Hunden zusammen. Dabei begibt er sich immer auch an die eigenen Anfänge, denn schon in seiner Jugend in Basel bastelte Graf mit Schrott. Der Maler und Bildhauer Jean Tinguely, der durch seine beweglichen, maschinenähnlichen Skulpturen nicht nur in der Schweiz für Aufsehen sorgte, hat ihn beeindruckt und geprägt. Doch beruflich ging Graf zunächst andere Wege und es sollte etwas dauern, bis er in der Kunst seine Berufung fand. Seit 2006 töpfert Graf in seinem Atelier *Tonwerk Keramik* in Korswandt und lässt sich dabei auch gern über die Schulter schauen.

Wenn du es einrichten kannst, dann komm am besten zu Pfingsten bei Daniel Graf vorbei. Denn dann wird das Areal zu einem Usedomer Hotspot der landesweiten Aktion »Kunst:Offen«. Neben Graf präsentieren weitere Künstler ihre Arbeiten. Es gibt Livemusik, Snacks und Getränke, Pizza und Party.

INSIDER-TIPP
Kunst für alle

 Tonwerk Keramik • Bergstr. 11, 17419 Korswandt • tonwerk-keramik.de

Kunst im Rund Der Kunstpavillon in Heringsdorf

→ Der Kunstpavillon ist Ausstellungsort und Meisterwerk in einem

Das erste Kunstwerk ist der Bau selbst, ein waschechter »Müther« nämlich. Wenn auch vielleicht nicht ganz so bekannt wie das »Ufo« auf Rügen, der »Teepott« in Warnemünde oder die »Strandperle« in Glowe, wo Ulrich Müther (1934–2007) den Beton auf seine so fantastische Weise faltete und fächerte – und fast zum Schweben brachte. Denn immer packte er großzügige Glasflächen dazu, sodass du oft gar nicht weißt, wo du zuerst hingucken sollst: auf die Architektur oder in die Natur? Beim *Kunstpavillon in Heringsdorf*, prominent platziert an der Promenade, buhlt noch etwas Drittes um deine Blicke: die Kunst!

Seit mehr als einem halben Jahrhundert zeigt der Pavillon Ausstellungen großartiger Künstler aus ganz Deutschland, es gibt Lesungen, Gespräche und Konzerte. Viele der Bilder kannst du direkt kaufen und einmal im Jahr sogar ersteigern: Die Kunstauktion Ende des Sommers ist für viele ein fester Termin im Kalender. Dafür, dass der Kunstpavillon nach der Wende als solcher erhalten geblieben ist, haben übrigens die Künstler selbst gesorgt, die sich vereint im Verein bis heute um alles kümmern.

Wenn du dich für Kunst von Usedom interessierst, bietet die Internetseite einen guten Überblick über Galerien und Ateliers, die du ansteuern kannst. Vielleicht interessiert dich z. B. die Galerie Köpp in Ahlbeck oder die von Gabriela Beck-Schäfer in Bansin? Oder du kommst im Dezember in den Pavillon: ==Die letzte Ausstellung des Jahres ist nämlich immer den einheimischen Künstlern gewidmet.== Zwischen Glühwein und Keksen Kunst gucken – das hat was.

INSIDER-TIPP
Alle auf einmal

 Usedomer Kunstverein e. V. im Kunstpavillon • Promenade am Rosengarten, 17424 Ostseebad Heringsdorf • kunstpavillon-ostseebad-heringsdorf.de

Die kreativen Orte

Paradiso für Poeten
Die Events der Nobelpreisträger und Poetry Slammer

→ Literaturnobelpreisträgerin Olga Tokarczuk war schon zu Gast bei den Literaturtagen

→ Bücher am Strand? Auch bei den Usedomer Literaturtagen haben sie dort ihren Auftritt

Auf Usedom haben schon viele berühmte Dichter berühmte Sätze geschmiedet. Thomas Mann beendete hier seinen »Zauberberg«, Maxim Gorki schrieb in der Villa Irmgard in Heringsdorf an diversen Werken und Theodor Fontane, ein Sohn Swinemündes, wurde von der Insel zu »Effi Briest« inspiriert. Doch den Satz, den Donna Leon hier jüngst am Strand formulierte, machte einmal mehr die Insel berühmt: »Usedom ist mein Paradiso!«

Die Autorin der beliebten Venedig-Krimis ist Stammgast der *Usedomer Literaturtage*. Seit 2009 geben sich hier einmal im Jahr hochkarätige Autoren und Autorinnen die Klinke in die Hand und lesen in den schönsten Sälen der Seebäder Ahlbeck, Heringsdorf, Zinnowitz und Swinemünde aus ihren Werken, darunter Nobelpreisträgerinnen wie Herta Müller und Olga Tokarczuk. Oft gibt es auch Musik dazu. Seit 2011 vergibt eine vierköpfige Jury jedes Jahr den Usedomer Literaturpreis. Jenny Erpenbeck oder Ilija Trojanow haben z. B. einen.

Du willst lieber selbst mitentscheiden, wer eine Dichterkrone verdient und bist ohnehin eher ein Fan virtuos vorgetragener Verse? Dann notiere dir den nächsten Termin für die *Usedomer Dichternacht*, das jährliche Poetry Slam Event der Insel, wo die besten Slam-Poeten Deutschlands auf der Bühne gegeneinander antreten und das Publikum am Ende den Gewinner wählt. Auf höchstem Niveau wird hier geslamt: Es kam schon vor, dass man die Slammer von Usedom wenige Monate später bei den Deutschen Meisterschaften gewinnen sah.

 Die Usedomer Literaturtage finden in der Regel im Frühjahr statt, die Usedomer Dichternacht im Juli/August • usedomerliteraturtage.de

Die kreativen Orte

Burgen buddeln next level
Sandskulpturenausstellung Ahlbeck

Träge liegt der schöne breite Sandstrand von Usedom in der Sonne und lässt ungerührt alles mit sich anstellen wie eine Katzenmutter, auf der die Jungen turnen. Du könntest es natürlich genauso halten und alle Fünfe gerade sein lassen. Doch du spürst diesen Drang, etwas zu tun – etwas Kreatives, etwas mit den eigenen Händen zu schaffen? Dann bau doch eine Sandburg!

← Da wirst du Augen machen – Sandburgen und -figuren in sehr, sehr groß

Inspirationen gibt es in der *Sandskulpturen Ausstellung Usedom* in den weißen Zelten an der Grenze zu Polen. Die über 100 fantastischen Gebilde und Gebäude aus Sand haben etwa 25 internationale Künstler geschaffen, darunter Welt- und Europameister im Sand Carving. Bis zu 7 m hoch sind die Skulpturen und Skylines, die Szenen aus Film und Geschichte. Allerdings nehmen die Profis keinen Sand vom Strand, sondern lassen sich den aus einer Kiesgrube bei Pudagla herankarren. Der lässt sich durch seine scharfen Kanten nämlich leicht »stapeln«, der vom Strand ist dafür viel zu rund. Und noch etwas ist anders: Vor dem Schnitzen wird der Sand Schicht für Schicht in Holzverschalungen gefüllt, gestampft und gerüttelt und dabei so stark zusammengepresst, dass man ihn danach leicht schnitzen kann. »Compacten« nennt man das.

Doch auch Ostseesand kannst du pressen. Ideal sind Plastikeimer aus der Großküche. Einfach bis zum Rand mit einem Sandwassergemisch füllen, die Masse festklopfen, die Form stürzen wie beim Gugelhupf, langsam hochziehen und – der Sandblock steht wie eine Eins. Wichtig ist, ihn von oben nach unten zu bearbeiten, nicht umgekehrt. Dann klappt's auch bei dir mit der Sandskulptur!

 Sandskulpturen Ausstellung Usedom • Swinemünder Chaussee 11, 17419 Ostseebad Ahlbeck • sandskulpturen-usedom.de

Die kreativen Orte

Das MoMA in der Pampa Moderne Kunst in Buggenhagen

»**Du brauchst dein eigenes Museum**«, hatte die Mutter **gesagt,** als der Sohn in seinem Haus zwischen all seiner gesammelten Kunst selbst kaum noch Platz fand. Till Richter war da Ende Dreißig und Dozent für Kunstgeschichte an der renommierten UT Austin. Und da Mütter meistens Recht haben und die Bankenkrise gerade die Jobperspektive in Amerika verhagelte, zog Till Richter wenig später mit seiner Sammlung und seiner Freundin in ein großes Herrenhaus in einen winzigen Ort namens Buggenhagen und eröffnete hier im Jahr 2013 das *Till Richter Museum*.

← Angesagte zeitgenössische Kunst präsentiert Till Richter in seinem Museum

In dem Haus war nicht nur reichlich Platz für seine Sammlung, sondern auch für wechselnde Ausstellungen sowie für Künstler »in residence«, die hier einen Sommer lang mit Blick in den schönen Garten an ihren Werken werkeln. Zehn Ausstellungen zeitgenössischer Kunst stellt Till Richter im Jahr zusammen und zieht mit denen nicht nur die Leute von der Insel an, sondern auch Sammler und Kunstkritiker aus fernen Metropolen. Das »MoMA in der Pampa« nennt man das Till Richter Museum auch gern. Passt.

INSIDER-TIPP
Hausführung vom Hausherrn

Komm unbedingt um 15 Uhr zur Directors Tour. Denn dann führt dich Till Richter persönlich durch das Haus (es sei denn, er ist dringend verhindert) und vermittelt mit all seinem Wissen vor allem auch seine Begeisterung für gute Kunst. Woran er die erkennt, erklärt er dir gern. Denn darüber hat der Kunsthistoriker, der an der Sorbonne in Paris studierte, in den USA habilitiert. Bring etwas Zeit mit, es gibt viel zu sehen. Glücklich wirst du das Anwesen später verlassen – und dann vielleicht der Mutter danken, die einst so Recht hatte.

 Till Richter Museum • Str. des Friedens 6, 17440 Buggenhagen • tillrichtermuseum.org

Und: Action! Auf dem Wasser, zu Lande oder in der Luft. Ob kleine Mutprobe, sportliche Spitzenleistung oder einfach mal aufs Spaßpedal treten: Tob dich aus, sei wild, und zeig, was in dir steckt!

Die wilde Seite

Gas geben und Spaß haben von sportlich bis mutig

Für Sprunghafte
Im Tandem aus der Cessna hopsen

→ Traust du dich? Deinen Fallschirmsprung wirst du ganz sicher nicht mehr vergessen

Otto war bekanntlich der erste Mensch, der hier in die Luft ging. In Anklam vor Usedom wurde Lilienthal geboren, schaute als Kind den großen Vögeln zu, wie sie ihre Flügel schwangen – und baute sich als Erwachsener selbst welche. 1891 gelang ihm damit der erste sichere Gleitflug in der Geschichte der Menschheit. Im Otto-Lilienthal-Museum in Anklam kannst du seine Flugapparate bestaunen, Vorläufer von Boeing & Co. Und was macht der Mensch jetzt, da er Flugzeuge hat? Er springt gern mal aus ihnen raus.

Wenn du schon immer mal einen *Fallschirmsprung* machen wolltest, bist du auf Usedom richtig. Denn hier bietet der *FSC Mecklenburg* seit mehr als 20 Jahren Tandemsprünge an. Und wenn du dann in gut 4000 m Höhe aus der Cessna Grand Caravan hopst, hast du mit Sicherheit den besten Meerblick deines Lebens.

Du springst nicht allein, direkt hinter dir klebt dein Tandemmaster. Wie ein achtbeiniger Käfer seht ihr von unten aus. Nach etwa einer Minute freiem Fall öffnet sich der Schirm und statt mit etwa 50 Metern pro Sekunde wie zuvor trudelt ihr nun mit ca. 5 Metern pro Sekunde zur Erde. Genieß jede Sekunde! Nach fünf bis sieben Minuten hast du wieder Boden unter den Füßen – direkt am Strand oder auf der Wiese am Flughafen – und sicher noch wackelige Knie.

Schau gleich mal, wann der nächste »Usedom Boogie« stattfindet und melde dich für einen Tandemsprung an. Und wenn du gern den Profis dabei zuguckst, wie sie aus der Luft zielsicher auf einer kleinen Matratze landen, dann notiere dir noch das Wochenende um den Herrentag. Denn dann findet an der Seebrücke in Ahlbeck das traditionelle Fallschirmzielspringen um den Seebrücken-Pokal statt.

INSIDER-TIPP
Springen mit Zielscheibe

 Fallschirmsportclub Mecklenburg e. V. • Flugplatz • 19306 Neustadt-Glewe • skydive-mv.de

Die wilde Seite

Total abgehoben
Auf dem Flyboard übers Meer brausen

Die Leute am Strand starren ungläubig aufs Meer: Da hinten über dem Wasser schwebt ein Typ in der Luft, drei, vier Meter über den Wellen! Zwei dicke Fontänen schießen links und rechts seiner Füße zurück ins Meer. Dazwischen baumelt ein dicker Schlauch, der zu dem Jetski führt, das unter dem Tiefflieger lang cruist. Höher und höher steigt der Mensch. Fünf Meter. Sechs Meter. Wie ist das möglich?

← Mit dem Board in der Luft – das Flyboard sorgt für Adrenalinkicks

Ganz einfach: durch den Rückstoß des Wassers. Der Motor des Jetskis pumpt mit Karacho Wasser in den Schlauch, welches außen am Flyboard, auf dem die Füße des Fliegers ähnlich wie beim Snowboard fixiert sind, durch zwei Düsen wieder austritt und dabei ordentlich Schub erzeugt. Wer gut Balance halten kann, steigt so immer höher und steuert mit den Füßen das Gerät in kleinen Kurven durch die Luft. Wer das Gleichgewicht verliert, plumpst ins Wasser und wird kurz darauf wieder in die Vertikale gepumpt.

Klar, ein bisschen Übung braucht man. Aber die meisten haben es nach wenigen Minuten drauf, sagt Mario Wanagas, der am Strand von Zinnowitz mit *Marios Jetstrand* das einzige Flyboard der Küste betreibt. 15 Minuten dauert der Spaß insgesamt. Das reiche auch, denn der Balanceakt auf dem Board beansprucht Muskeln, deren Existenz du zuvor nicht geahnt hast – und danach umso mehr zu spüren bekommst.

Erfunden hat das Flyboard im Jahr 2011 übrigens jener Franky Zapata, der wenig später das Flyboard Air entwickelte, das ganz ohne Schlauch auskommt und sich allein durch den Rückstoß mehrerer Düsentriebwerke in der Luft hält. Bis zu 150 m Höhe und 140 km/h erreicht er mit dem Ding unter seinen Füßen und überquerte so im August 2019 den Ärmelkanal.

 Marios Jetstrand • Strandzugang 8 D, Zinnowitz • jetstrand.de

Luftsprünge und mehr Kitesurfen lernen in Peenemünde

→ Während die Sonne runterbrutzelt, lernst du den Drachen zu lenken

INSIDER-TIPP
Coole Bar, nicht nur für Kiter

Wenn ein Kiter von einer Bar spricht, meint er für gewöhnlich nicht die Theke, an der er am Vorabend abhing, sondern das Ding, das auf Höhe seines Bauchnabels in das Trapez gehakt wird und dazu dient, den Drachen über seinem Kopf zu zähmen. Doch die Lehrer der *Kiteschool Usedom* in Peenemünde, deren Butze direkt am Museumshafen steht, reden auch gern von der coolen Bar hinter ihnen im Grünen. Und das völlig zu Recht. **Denn die Kite-Bar, ein Souvenir des jährlichen Meeresrausch-Festivals, ist ein ganz besonderer Ort.** Lass dich am besten gleich nach deiner Ankunft im Kitecamp in einem der Pavillons aus Birkenstämmchen nieder und komm im Liegestuhl herrlich runter – die nächsten Tage werden aufregend genug.

Am nächsten Morgen geht es entweder mit dem Bulli an den herrlichen Ostseestrand von Peenemünde oder zu Fuß zur schönen Bucht hinter dem Campingplatz mit Blick rüber auf das Festland – je nach Windrichtung und -stärke. Im flachen Wasser lernst du zunächst, wie du den Kite steuerst und dessen Kraft kontrollierst. Geht das gut, kommt das Board dazu. Beides zu kombinieren – Brett und Drachen – ist nicht so ganz leicht, aber mit etwas Übung bald machbar. Tatsächlich lernen die meisten in wenigen Stunden, wie sie sich vom Wind durch das Wasser ziehen lassen können. Der nächste Schritt ist dann: der Sprung. Und darum geht es doch beim Kiten: Über das Wasser gleiten und im nächsten Augenblick in die Luft gehoben zu werden – Adrenalin pur! Und wo wohl kommst du nach all den Höhenflügen abends am besten runter? Siehe oben.

3 Kiteschool Usedom • Fährstr. 9, 17449 Peenemünde (am Museumshafen) • kiteschool-usedom.de

Puste und Kuchen
Im Achterwasser Windsurfen und Segeln lernen

Alles begann mit einer schlichten Bretterbude von fünf mal fünf Metern. Für Segel und Surfboards, für Bier und Snacks. Und weil hier der Wind vom Achterwasser so laut knatternd durch die Holzbohlen fegte, dass Gründer Jörg Abert sein eigenes Wort kaum verstand, wusste er bald, wie sein Wassersportspot heißen sollte: *Café Knatter* nämlich. Die Bude ist längst verschwunden. Stattdessen prangt der Name heute im leuchtenden Orange an einem kühnen Neubau am Hafen, und wenn hier irgendwas knattert, dann die Segel und Drachen im Wind auf dem Achterwasser. Dafür aber zahlreich. Denn die *Windsportschule* im modernen Bootshaus nebenan ist ziemlich beliebt und das Achterwasser für Anfänger schlicht ideal: nicht so wild wie die Ostsee und schön lange flach. Auch ist der Grund sandig, nicht steinig. Es gibt weder Untiefen noch Strömungen. Und der Wind darf ruhig aus verschiedenen Richtungen blasen. Vielleicht lässt du dich ja hier zum ersten Mal von ihm über das Wasser pusten – und zwar ganz klassisch beim Windsurfen oder Segeln? Du kannst gleich einen Kurs buchen oder erst mal eine Probestunde nehmen.

Um deine Leute musst du dir übrigens keine Sorgen machen, die lassen es sich auf der Sonnenterrasse oder im schönen Restaurant bei leckerem Kuchen oder maritimer und mediterraner Küche so richtig gut gehen – und sie kriegen vermutlich gar nicht mit, wenn du mal vom Brett kippst. Gesell dich später zu ihnen und bleib bis zum Sonnenuntergang: Der ist hier einfach phänomenal – und der Sundowner perfekt.

← Erst kitesurfen oder segeln, dann Kuchen im Café Knatter schlemmen

 Café Knatter und Windsportschule • Hauptstr. 36, 17459 Ückeritz • cafe-knatter.de

Nur für Unverfrorene
Eisbaden im Rudel

→ Wenn das Outfit passt, steht dem Spaß beim Eisbaden kaum noch etwas im Wege …

Die gute Nachricht zuerst: Die Ostsee muss nicht gefroren sein. Von Eisbaden spricht man nämlich auch bei Wassertemperaturen von 5, 10 ja sogar 15° C. Die schlechte Nachricht: Es ist trotzdem verdammt kalt. Da hilft auch das lustige Kostüm nichts, das du vielleicht am Leibe trägst, um extra zu punkten. Also irgendwie überwinden und rein in die Fluten.

Eisbaden ist so extrem wie gesund. Es stärkt die Abwehr, stabilisiert den Kreislauf und sorgt dafür, dass du im Alltag keine Frostbeule bist. Doch es ist auch nicht ohne. Am besten stimmst du dich Wochen vorher mit Kalt- und Wechselduschen darauf ein und im Zweifelsfall auch mit dem Arzt ab. Beim Eisbaden selbst unbedingt Folgendes beachten: 1.) Gut aufwärmen; 2.) Hände hoch, denn die sollten genauso wenig ins Wasser wie der Kopf; 3.) Füße am besten mit Neoprensocken schützen; 4.) Beim ersten Mal nur wenige Sekunden im kalten Wasser bleiben, später nicht länger als 5 Minuten; und 5.) nach dem Baden sofort warm anziehen – und die wohlige Wärme genießen, die dann bis in die letzte Pore deines Körpers kriecht. Fühlt sich herrlich an, nicht wahr?

Auf Usedom kannst du dich natürlich im Winter jederzeit und überall in die eisigen Fluten stürzen. Wer das aber lieber im Rudel tut, besucht eines der Eisbade-Events: etwa das *Anbaden am Neujahrstag in Karlshagen* oder im Februar das *Eisbade-Spektakel in Trassenheide* oder das *Winterbadespektakel in Ahlbeck*. Hier wie da wird es gern gesehen, wenn du deine Gänsehaut unter einer verrückten Verkleidung versteckst. Die tollsten Kostüme werden prämiert, es gibt Livemusik und Glühwein.

5 Anbaden an Neujahr in Karlshagen • karlshagen.de/freizeit/eisbaden

6 Eisbade-Spektakel in Trassenheide • trassenheide.de/de/veranstaltungen/eisbade-spektakel

7 Winterbadespektakel Ahlbeck • kaiserbaeder-auf-usedom.de

Die wilde Seite

Paddeln zum Meer
Seekajaking auf dem Peenestrom

Als die Eskimos das Kajak erfanden, wollten sie damit raus auf die offene Arktis und jagen. Doch seitdem ist viel Wasser die Flüsse dieser Welt hinuntergeflossen und das wendige Paddelboot auf ihnen heimisch geworden. Wer das Kajak also Richtung Meer steuert, paddelt es damit auch zurück an dessen Ursprung – vor allem aber: munter rein in ein maritimes Abenteuer.

← Mit dem Seekajak lernst du die Gewässer auf ganz neue Art kennen

Der Peenestrom ist der Meeresarm der Ostsee, der Usedom vom Festland trennt und das Stettiner Haff mit der offenen See verbindet. Er ist etwas über 20 km lang und eine herrliche Teststrecke für alle, die sich irgendwann mal auf das offene Meer wagen wollen: Wenn bei starken Winden gewaltige Wassermassen aus der Ostsee ins Haff gedrückt werden, herrschen hier nämlich zeitweise recht starke Strömungen. Im Mittelalter nannte man den Peenestrom wohl deswegen auch Lutense, was vermutlich slawischen Ursprungs ist und »grimmig« oder »wild« bedeutet. In der Regel aber gleitest du hier ganz gemütlich über das Wasser – und Romantik kommt nicht erst abends im Camp am Lagerfeuer auf.

Mach dich allein auf den Weg oder schließ dich einer geführten Tour an – für beides aber solltest du Erfahrung mitbringen. Ab Anklam gibt es bei *Abenteuer Flusslandschaft* eine Woche »maritimes Paddeln« in waschechten Seekajaks (mit Stops etwa in Rankwitz, Lütow und Lassan/Festland), auf Usedom bei *Inselkanu* z. B. eine 7-stündige Tour von Usedom-Stadt nach Karnin. Anfänger üben am besten erst auf dem Schmollensee oder dem Achterwasser.

8 Abenteuer Flusslandschaft • Werftstr. 6, 17389 Anklam • abenteuer-flusslandschaft.de

9 Inselkanu • Bootsverleih an der Badestelle in Neppermin, diverse Einsatzorte möglich • inselkanu.de

Rasante Tortenböden
Ultimate Frisbee in Karlshagen

↓ Laufen, Fangen, Werfen – Frisbee-Profis beim Ultimate Frisbee Turnier in Karlshagen

Wenn am Strand etwas tief und schnell über den Sand fliegt, ist es ja meist eine Möwe, die Pommes mopsen will. Oder aber ein Frisbee: Der Sport mit der schnellen Scheibe wird am Strand immer beliebter. Wer es richtig machen will, trommelt ein paar Leute zusammen und spielt *Ultimate Frisbee*, wie es einst an den Unis in den USA erfunden wurde und das auch hierzulande immer öfter als Trendsport gefeiert wird.

Dabei spielen sich zwei Teams mit je fünf bis sieben Spielern in rasantem Tempo die Scheibe zu. Wer sie in der gegnerischen Zone am Ende des Spielfelds fängt, punktet. Laufen mit der Scheibe in

der Hand ist verboten. Bis zu 100 km/h Speed kriegt so ein Frisbee drauf. Ultimate ist eine der schnellsten Sportarten überhaupt. Und eine der fairsten: Die Spieler kommen ganz ohne Schiri aus! Fouls und Regelverstöße ahnden sie nämlich selbst.

Wenn du Tipps vom Profi willst, markiere dir das Ultimate Frisbee Turnier in Karlshagen im Kalender. Über 250 Aktive rennen hier auf vier Feldern den Frisbees hinterher – zu satten Bässen aus den Boxen und mit Blick über den Traumstrand von Karlshagen, der nicht ohne Grund als »Sportstrand« vermarktet wird: Bis zu 80 m breit ist der, Platz genug für Fußball- und andere Spielfelder (siehe auch Beachcup).

Ach ja, dass Strand-Frisbee von einem genervten Familienvater erfunden wurde, der die Pommes seiner Kinder verteidigen wollte, indem er einen Plastikteller nach den frechen Möwen warf, klingt zwar plausibel, ist aber Quatsch. Tatsächlich waren es wohl Tortenböden der Bäckerei Frisbie Connecticut, die sich amerikanische Kids am Strand in den 1940ern zuwarfen.

 Ultimate Frisbee • 17449 Karlshagen • Termine und Infos unter karlshagen.de/freizeit/frisbee

Die wilde Seite

Schnelle Körbchen
Anfeuern bei der WM im Strandkorbsprint

Wer schon mal seinen Strandkorb ein paar Zentimeter in die Sonne geschoben hat, weiß, wie schwer das Ding ist. 60 kg, um genau zu sein. Nie im Leben würdest du das Ding freiwillig ein paar Meter durch den Sand schleppen wollen. Erst recht keine zwanzig. Was aber, wenn ein paar Hunderter als Preisgeld und Hunderte im Publikum winken – und das Ganze nicht unter der heißen Sommersonne stattfindet, sondern im ziemlich abgekühlten Januar? Dann sieht die Sache vielleicht schon anders aus.

Immer am vierten Wochenende des Jahres findet in Ahlbeck die lustige Weltmeisterschaft im Strandkorbsprint statt und teilnehmen dürfen alle, die sich zu zweit zutrauen, das wuchtige Ding zu wuppen. Männer und Frauen können zusammen antreten. Ihr müsst nur schon am Vortag da sein, um euch beim Qualifikationstraining für die Endrunde zu bewähren. Am nächsten Tag startet ihr dann vor gut 1000 Zuschauern gegen eure Gegner. Ihr müsst schnell und stark sein, der Ostseesand unter euren Füßen erschwert den Sprint zusätzlich. Unter 5 Sekunden solltet ihr anpeilen, der Rekord liegt derzeit bei 4,91. Die Dritt- bis Erstplatzierten erhalten Preisgelder von 100 bis 500 Euro.

Erfunden hat die spaßige WM übrigens Strandkorbvermieter Mayk Borchardt aus Zinnowitz. Seit 2007 ist sie der Höhepunkt des dreitägigen Usedomer *Winterstrandkorbfestes*, bei dem es neben Feuershows und heißen Getränken sicher immer auch ein paar wehmütige Gedanken an wärmere Tage gibt – an denen man den Strandkorb tatsächlich nur bewegt, um sonnenzubaden.

← Durch den Sand bei kaltem Wetter – die Strandkorbsprint-WM ist eine witzige Herausforderung

← Hunderte Besucher kommen zum Winterstrandkorbfest

 Winterstrandkorbfest an der Seebrücke Ahlbeck, immer am vierten Wochenende im Jahr • winterstrandkorbfest.de

Gym mit Meerblick
Sportlich auspowern bei den Kaiserbädern

→ Auf dem SUP-Board dem Sonnenaufgang entgegen paddeln – nur eine von vielen Optionen am Sportstrand der Kaiserbäder

Es gibt am Meer keinen Grund, sein Fitnessstudio zu vermissen, ist der Strand doch die perfekte Trainingsstrecke. Wer sich aber dennoch nach Geräten und Kursen sehnt, markiert sich in der Karte den *Sportstrand Kaiserbäder* am Strandaufgang 1 Y/1 Z sowie die *Aktivpromenade* direkt dahinter und zieht dann einen großzügigen Kreis darum, der reichlich Strand umfasst – voilà, fertig ist dein Outdoor-Gym mit Geräte-Area, Kursraum, Spielfeldern und schönster Laufstrecke. Und das Beste: Die meisten Angebote hier kosten dich nichts, zück einfach deine KaiserbäderCard.

Am besten kommst du morgens her, denn dann ist noch nicht so viel los. Wenn du Glück hast, wird gerade die SUP Sunrise Tour angeboten und du kannst der Sonne auf dem Board entgegenpaddeln. Um 9 Uhr geht es dann meistens los mit den Kursen; Strandgymnastik, Rückenfit, Bauch-Beine-Po, aber auch Yoga und Qigong werden geboten. Und vielleicht zieht es dich danach zu den 22 Geräten und Hindernissen an der Promenade, wo du Muskelkraft und Koordination trainieren kannst.

Wenn du lieber im Team spielst, dann tob dich auf den Spielfeldern aus, bei Beachvolleyball, -tennis oder -soccer. ==Frag unbedingt nach dem nächsten Glow-Volleyball-Turnier. Dabei wird der Strand in Schwarzlicht getaucht,== die Spieler tragen Neonshirts und -schminke und sehen von Weitem aus wie lustige Glühwürmchen. Dazu gibt es coole Musik vom DJ und Cocktails an der Bar – spätestens jetzt hast du dein Gym daheim total vergessen.

INSIDER-TIPP
Volleyball by night

12 Kaiserbäder Sportstrand • Strandaufgang 1 Y/1 Z • von Mai bis Oktober

13 Aktivpromenade • Dünenstr. 59–60, 17419 Heringsdorf OT Ahlbeck

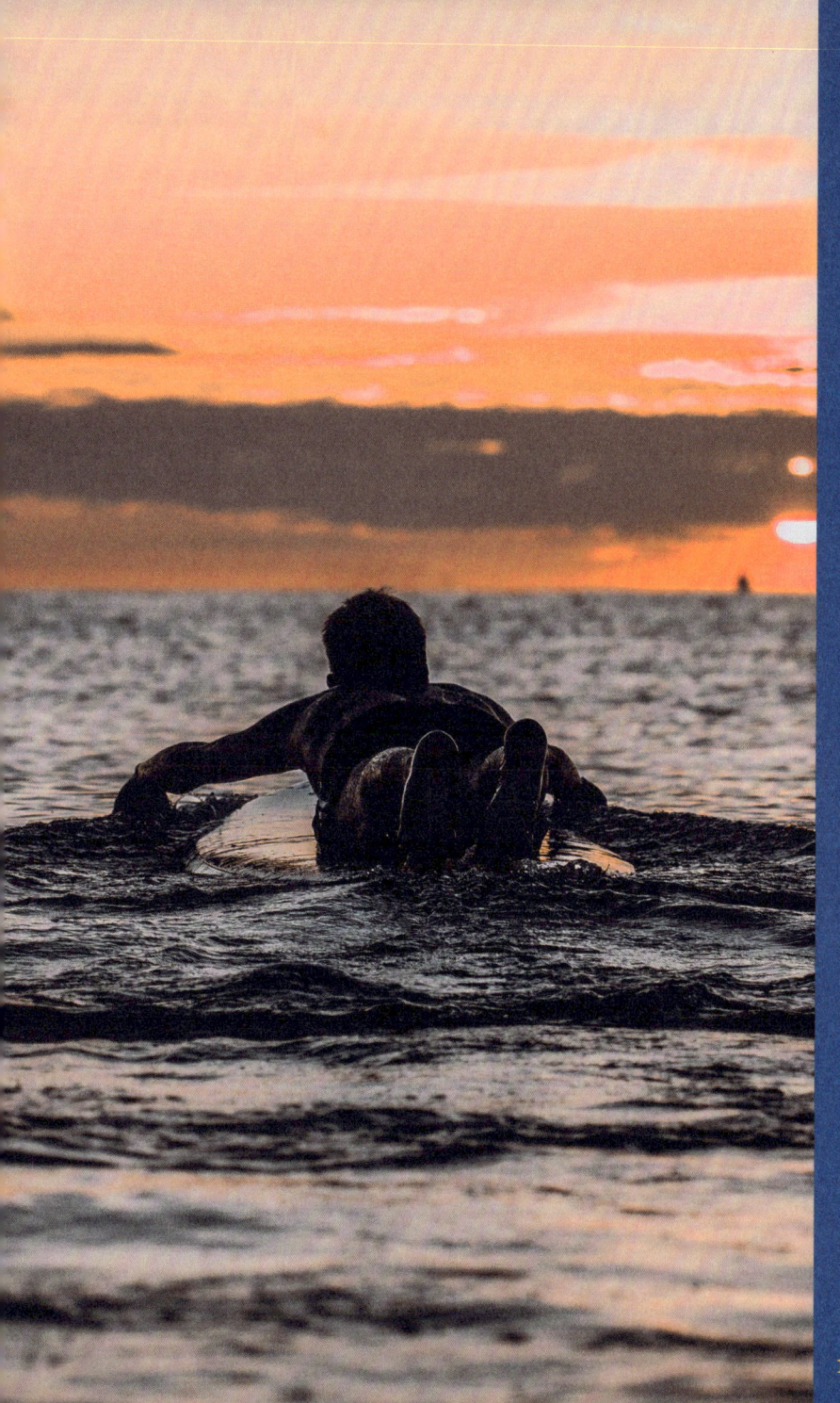

Per Jeep in die Wildnis Auf Safari durch den Usedom-Dschungel

→ In einem echten Landrover Defender geht's voran – es soll Leute geben, die buchen die Insel-Safari nur dafür

Eine Safari auf Usedom ist natürlich nicht dasselbe wie in Tansania oder Kenia. Das fängt schon beim Jeep an. Während auf dem afrikanischen Kontinent die Geländewagen heute eher japanischen statt britischen Ursprungs sind, darfst du auf Usedom noch ganz klassisch in einen schicken Landrover Defender klettern. Und klar, die Big Five bekommst du auf der deutschen Insel nicht zu sehen. Dafür andere große Tiere. Seeadler und Störche. Rotwild und Damwild. Wildschweine und Füchse. Mit ganz viel Glück vielleicht sogar einen Elch, der kommt nämlich manchmal von Polen rüber und steht dann plötzlich im Wald. Auch die Vegetation hat viel zu bieten. Wenn sich im Lieper Winkel eine alte Eiche in den Himmel räkelt, ist das zwar kein Affenbrotbaum in der Savanne, aber auf jeden Fall auch ein tolles Bild.

Seit 1999 führt die *Insel-Safari* in die wilden, nicht ganz so bekannten Ecken und Winkel Usedoms: an einsame Buchten, verträumte Seen, verwunschene Moore, in dichte Wälder. Die Guides sind zertifizierte Natur- und Landschaftsführer und nicht selten auch Biologen oder Ökologen. Sie erklären dir neben Flora und Fauna auch Geologie und Geschichte. Das machen sie ziemlich gut, selbst Einheimische zählen zu den Safari-Stammgästen.

Auf der Tour sitzt du übrigens nie länger als eine Viertelstunde passiv im Jeep, zu Fuß geht es weiter. Sechs Stunden dauert die kurze Tour, neun bis zehn die lange (hier wird am Ende Fisch oder Fleisch gegrillt) – doch die Stunden fliegen so schnell dahin wie die Vögel am Himmel.

 Insel-Safari • Touren für 6 Stunden oder 9 bis 10 Stunden buchbar, inklusive Verpflegung und Transfer • insel-safari.de

Die wilde Seite

Die wilde Seite

110

Baumeln in Bäumen
Tarzanfeeling auf dem Baumwipfelpfad und im Kletterwald

Vielleicht ist dir etwas flau im Bauch beim Blick nach unten. Unter dem Netz, auf dem du stehst, ist erstmal 33 m lang nichts. Dann kommt der Waldboden. Doch keine Sorge, das 25 m² große Netz hier oben im Hauptturm des *Baumwipfelpfads* in Heringsdorf wird dich halten – und sonst dürfte dich der 1350 m lange Weg durch die Baumkronen nicht sonderlich herausfordern. Schließlich ist er auch für Kinderwagen und Rollstuhlfahrer gemacht. Und niemand zwingt dich auf die Holzklötzer und Bohlen der Erlebnisstationen, mit denen du dem Trip noch einen gewissen Thrill abringen kannst.

Anders ist das schon im *Kletterwald* bei Ückeritz. Hier musst du tatsächlich klettern, hangeln, balancieren und dabei immer wieder: dich überwinden. Etwa um dich auf einer Schaukel mal eben zum anderen Baum zu schwingen. Oder um an einem Seil in ein ca. 3 m entferntes Netz zu springen (Tarzan-Sprung). Oder um – eingehakt an Drahtseilen – im Affentempo auf den nächsten Baum zuzurasen. Auf sechs verschiedenen Parcours geht es bis zu 14 m hoch in die Bäume. Zuvor packt dich das freundliche Personal in Gurte ein und erklärt dir, wie du nicht aus allen Bäumen fällst, nämlich indem einer der beiden Karabiner immer im Drahtseil hakt. Höhenangst? Kein Problem. ==Es gibt extra einen Parcours, auf dem du dieser langsam den Garaus machen kannst (Spaßparcours).== Vielleicht traust du dich dann sogar schon zum nächsten – »Erlebnis«, »Abenteuer« oder »Risiko« heißen die etwa.

← Über und zwischen den Bäumen – auf dem Baumwipfelpfad bieten sich dir tolle Aussichten

← Wackelig bewegst du dich durch die Bäume im Kletterwald

INSIDER-TIPP
Hilfe gegen Höhenangst!

15 **Baumwipfelpfad Usedom • Am Bahnhof 2, 17424 Heringsdorf**

16 **Kletterwald Usedom • 17459 Ückeritz • kletterwald-usedom.de**

Die wilde Seite

Laufend Gutes tun
Mit den Laufmützen über die Insel

Der Küstenwald hinter der Düne, die Hügel der Usedomer Schweiz, die verträumten Seen im Hinterland – Usedom hat herrliche Laufstrecken. Du musst eigentlich nur die Schuhe schnüren und loslaufen. Wenn du aber lieber in der Gruppe rennst, notiere dir den letzten Sonntag im Monat. Denn dann kannst du mit den *Laufmützen* die Insel erkunden – und dabei Gutes tun.

← Trainingsklamotten an, Sportschuhe binden und schon beginnt der Lauf

Seit 2014 organisiert Christina Kämmerer die monatlichen Lauftreffs, bei denen die Teilnehmer statt eines Startgelds eine freiwillige Spende für den ambulanten Kinderhospizdienst *Leuchtturm e. V.* in eine Box stecken. Bei jedem Event fungiert ein Partner als Gastgeber – Hotels und Restaurants sind das oft, aber auch Golfplätze, Autohäuser oder Pfarrämter. Dort startet und endet der 8 km lange Lauf, den Kämmerer vorher gut erkundet.

So liefen die Laufmützen mit ihrem Gefolge beispielsweise schon ab Zempin an Orchideenwiesen entlang, rund um das hübsche Krummin vorbei an Maisfeldern oder durch den idyllischen Lieper Winkel mit seinen herrlichen Aussichten. ==Die GPS-Daten für jeden Lauf stehen noch im Internet. Klick dich durch und such dir eine schöne Trainingsrunde raus.==

INSIDER-TIPP Die besten Strecken

Christina Kämmerer selbst, die vor Jahren im Laufen einen Ausgleich zum Job im Büro und mit Usedom ihre »Lauftrauminsel« gefunden hat, empfiehlt darüber hinaus unbedingt den Gnitz: In Neuendorf am *Café Seelchen* läufst du los, dann hoch zum Campingplatz und an der Steilküste entlang Richtung Möwenort und über Lütow zurück. Auch schön: Ab Bansin hinter dem Hotel *Travel Charme* auf die Steilküste und dann durch den Wald zum Mümmelkensee, der ganz verträumt in der Moorlandschaft liegt.

 Die Laufmützen Usedom treffen sich immer am letzten Sonntag im Monat • laufmuetzen-usedom.jimdofree.com

Hoch und runter
Sieben Seen auf einer Tour

→ Eine gemütliche Pause zwischendurch muss auch mal sein

Das Fahrrad nach Usedom mitzubringen, ist wahrlich keine schlechte Idee. 200 km Radwegenetz führen nicht nur kreuz und quer über die Insel, sondern auch nahezu überallhin, wo du mal gewesen sein musst. Nebenbei kannst du dich auch schön auspowern, denn Usedom ist nicht platt wie eine Flunder, sondern gern mal rund wie ein Buckelwal. Vor allem in der Usedomer Schweiz, die nicht so heißt, weil hier ein paar Kühe malerisch in der Landschaft stehen. Wenn dann auch noch der Wind von vorn kommt – Spoiler: Das tut er an der Küste recht oft –, musst du schon mal ordentlich in die Pedale treten. Dafür wirst du aber reichlich belohnt: mit schönen Ausblicken, entspannten Abfahrten und formschönen Waden.

Wenn du noch keinen Plan hast, wo es lang gehen soll, dann mach doch eine *Tour zu den sieben Seen* im Hinterland. Los geht es in einem der Kaiserbäder, die Promenade Richtung Polen runter und in Ahlbeck hinter dem Bahnhof den Waldweg nach Korswandt nehmen. Dort den schönen Wolgastsee umrunden und über Ulrichshorst und Reetzow unterhalb des Gothensees zum Kleinen und Großen Krebssee nach Alt-Sallenthin und Neu-Sallenthin. Zwischen beiden Orten unbedingt mal vom Fahrrad steigen, auf den Aussichtsturm klettern und den Sieben-Seen-Blick genießen. Dann geht es über Benz und Pudagla um den Schmollensee herum. Weiter dann Richtung Küste und über den niedlichen Mümmelkensee zurück auf den Ostseeküstenradweg (*auf-nach-mv.de/ostseekuesten-radfernweg*) und in die Kaiserbäder.

INSIDER-TIPP
Rad für umme

Übrigens: Wer kein eigenes Rad dabei hat, kann sich natürlich vielerorts eines mieten. Auch stehen überall die gelben Räder von Usedom-Rad herum, in der Kombi mit einem Usedom-Ticket kannst du die sogar kostenfrei benutzen. Check gleich mal!

 Start in Bansin, Heringsdorf oder Ahlbeck, am Bahnhof Ahlbeck Richtung Korswandt

Die wilde Seite

Ab in die Grube Auf Quad-Tour nach Neppermin

→ Über Stock und Stein (und Kies) wird bei den Quad-Safaris gebrettert

Mit dem Daumen gibst du Gas, das hast du schnell raus. Bremsen kannst du sowohl mit dem Fuß als auch mit der Hand, das kennst du vom Fahrrad oder Bike. Und wenn eine Kurve kommt, legst du dich einfach schön rein, damit das Quad nicht kippt. Der Rest ist Automatik. Klingt einfach? Ist es auch. Eine kurze Einführung und ein paar Runden auf dem Übungsgelände in Bansin reichen in der Regel, dann hast du es drauf.

Seit 2005 bietet Knuth Dietert Touren auf dem Quad an, auch ATV genannt (kurz für »All Terrain Vehicle«) oder für Mutti schlicht: »Motorrad auf vier Rädern«. Seine zweistündigen *Quad-Safaris* versprechen dabei nicht nur eine Menge Spaß, sondern auch ein schönes Naturerlebnis. Dass sich da mancher vielleicht fragt, ob man der Natur denn nicht zu nahe kommt, wenn man laut knatternd in sie einfällt, ist den leidenschaftlichen Motorsportlern bewusst – und sie tun alles, um mit ihren Quads weder Mensch noch Tier zu stören.

So wird nur vormittags, außerhalb der Ruhezeiten gefahren, und das auch nur auf offiziellen Wegen: auf Straßen, Feld- und Wiesenwegen. Geht es in den Wald, ist das mit dem Förster abgesprochen. Auch sind die Gruppen klein, mehr als sieben Quads sind selten unterwegs. Und zum Austoben geht es sowieso in die Kiesgrube, das stört dann keinen. Diese liegt bei Neppermin am Nepperminer See (einer Bucht des Achterwassers) und verspricht eine gute halbe Stunde voller Action, Abenteuer und Adrenalin. Mag sein, dass dein Daumen vom vielen Gasgeben dann ein bisschen schmerzt. Doch das »thumbs up« nach der Tour ist auf alle Fälle drin.

 Quad-Safari • Ahlbecker Chaussee 10, 17429 Seebad Bansin • Voraussetzung Führerschein »Klasse B« • quad-safari-usedom.de

Die wilde Seite

Mit Schwung in die Landschaft Golfen lernen mit Blick auf das Wasser

Golf ist schon lange kein Sport mehr nur für Opas, sondern begeistert zunehmend auch viele, die in den »Club« sonst zum Tanzen gehen. Doch was ist so faszinierend daran, stundenlang hinter einem Ball herzulatschen und ihn dann Richtung Loch zu stupsen? Find es doch am besten selbst heraus: auf einem der beiden Golfplätze Usedoms.

Gleich hinter den Kaiserbädern, in der hügeligen Landschaft von Korswandt, liegt der *Golfplatz Baltic Hills*. Er misst 57 ha und verfügt über 18 Löcher. 20 Abschlagplätze hat die Driving Range sowie einen großzügigen Putt- und Pitchbereich. Da kannst du

↓ **In wunderbarer Umgebung kannst du am Balmer See den Golfschläger schwingen**

direkt einen Ball nach dem anderen in die Landschaft kloppen und gucken, was das mit dir macht. Lust auf mehr? Eine Schnupperstunde kostet hier in etwa so viel wie der leckere Burger im Restaurant des angeschlossenen *Dorint Hotel Baltic Hills*, den du dir danach vielleicht gönnst – und dabei überlegst, ob du nicht gleich die Platzreife anstreben sollst. Auch dafür gibt es hier Kurse.

Etwas tiefer im Achterland, im verträumten Örtchen Balm, befindet sich der *Golfplatz Balmer See*. Er hat zwei 18-Loch-Plätze mit verschiedenen Doglegs und Wasserhindernissen sowie einen anspruchsvollen 9-Loch-Platz mit Driving Range. Auch hier in der Golfschule sind Anfänger willkommen, Schnupperstunden und Platzreife-Kurse buchbar. Letztere erlauben dir nach bestandener Prüfung, auf so gut wie jedem Golfplatz der Welt zu spielen. Doch wo auch immer du künftig den Schläger schwingst: Der Platz, auf dem du dies das erste Mal getan hast, wird immer ein ganz besonderer bleiben.

20 **Baltic Hills Golf Usedom • Hauptstr. 10, 17419 Korswandt • baltic-hills-golf.de**

21 **Balmer See Hotel Golf Spa • Drewinscher Weg 1, 17429 Benz OT Balm • golfhotel-usedom.de/golf/golfschule**

Gestresst? Dann tief durchatmen, Ommm, die entspanntesten Auszeiten liegen gleich hier um die Ecke. Im Infinity Pool schweben, versteckte Strände erkunden, auf Du und Du mit flauschigen Alpakas. Hier findest du ganz schnell wieder zur eigenen Mitte.

Die ruhigen Ecken

Entspannen von minimalistisch bis luxuriös

Das Meer hinter dem Meer Das Achterwasser per Boot erkunden

→ Raus aufs Achterwasser – hier ist es angenehm ruhig

»Achtern«, das weiß jeder Seemann, bedeutet »hinten«. Das Achterwasser, jene Ausbuchtung des Peenestroms, der die Insel vom Festland trennt, heißt also *Achterwasser*, weil es hinten liegt. Hinter den belebten Badestränden. Hinter den vollen Promenaden. Und auch bei den Unternehmungen der Urlauber steht es oft ganz hinten: Während du an einem heißen Tag am Strand das Meer vor lauter Menschen kaum siehst, kannst du die am Achterwasser an einer Hand abzählen – sofern du dich für das Tretboot entschieden hast, beim Kahn brauchst du die Hände für die Ruder.

Und dann gleitest du einfach am Schilf vorbei hinaus auf das Achterwasser und kommst dabei herrlich runter. Die Ostsee vermisst du nicht, denn das Achterwasser ist selbst ein kleines Meer: mit Halbinseln und Inseln, Buchten und Häfen, Stegen und Stränden, Wellen und Weite. Wirf mal den Kopf in den Nacken, vielleicht kreist ein Seeadler über deinem Kopf. Wenn du ein Fernglas dabei hast, guck nach, was da im Schilf schnattert. Oder lass deine Blicke einfach ganz entspannt über diese unaufgeregte, aber gar nicht langweilige Landschaft gleiten.

Bevor du zurückruderst, atme noch einmal tief durch! Denn vermutlich wird es gleich etwas trubelig. *Kiki's Bootsverleih* ist auch ein sehr beliebtes Restaurant und Kiki, der eigentlich Rainer Kikiernicki heißt, ein witziger Wirt. Vielleicht isst du hier zu Abend und kletterst danach mit einem Sundowner auf die Holzplattform, um der Sonne dabei zuzuschauen, wie sie den Abgang macht. Spätestens dann fühlst du dich weder achtern noch hinten, sondern: ziemlich weit vorne …

INSIDER-TIPP
Ein Logenplatz für den Sundowner

① Kiki's Bootsverleih • Dorfstr. 23, 17459 Loddin • kikis-bootsverleih.de

Die ruhigen Ecken

Flauschige Entschleunigung Auf Alpaka-Tour in Mölschow

Das Alpaka will nicht. Es steht da, wirft den Kopf nach hinten und guckt dich mit seinen großen schönen Rehaugen trotzig an. »Komm erstmal runter«, wollen die dir sagen, »mach langsam.« Denn Alpakas sind nicht nur unglaublich niedliche Tiere und wunderbare Wolllieferanten, sie sind auch wahre Stressbarometer: Zappelt der Zweibeiner ungeduldig vor ihm rum, geht schon mal gar nichts. Aber auch für innere Unruhe haben die Tiere offenbar Sensoren und stellen auf stur. Da hilft nur eines: Tief durchatmen und alle blöden Alltagssorgen, die der Wind am Strand noch nicht weggepustet hat, endlich beiseite schieben.

Geht doch, das Alpaka bewegt sich. Bleibt es kurz darauf dennoch wieder stehen, dann sicher nur, um etwas Gras zu rupfen. Das tut es ziemlich oft, Alpakas müssen ständig fressen, und so wird diese Tour einmal mehr zur Lektion in rasanter Entschleunigung. Zwei Stunden dauern die Alpaka-Touren von Ariane Marten vom *Naturhof Usedom* und sehr weit kommt man nicht. Aber darum geht es nicht. Es ist die Verbindung zu diesen ungewöhnlichen Tieren und ihrer beneidenswerten Gelassenheit, die du dir im Alltag ab und an wünschen wirst: Macht der Andere Stress, wird einfach die Arbeit verweigert; kommt dem Alpaka ein Artgenosse dumm, spuckt er ihm einfach ins Gesicht. (Keine Sorge, Menschen werden in der Regel nicht getroffen.)

Einmal über das Feld geht es, dann wird ein Picknick gemacht. Die Menschen teilen sich einen Rührkuchen in Alpakaform, die Tiere den Rasen. Was für ein friedlicher, schöner Moment ...

← **Na, Lust auf einen Spaziergang?**

2 **Naturhof Usedom • Zinnowitzer Str. 14, 17449 Mölschow • naturhof-usedom.com**

Die ruhigen Ecken

Mach mal langsam
Auf der Halbinsel Lieper Winkel

Warthe! Das H kannst du streichen und den Namen des kleinen Örtchens ruhig als Aufforderung verstehen. Warte! Mach langsam! Halt an! Die Zeit hat das hier im *Lieper Winkel* schließlich auch getan. Viele sagen, sie sei hier stehen geblieben, andere, sie laufe langsamer. Wie auch immer: Entschleunigung ist angesagt!

Also langsam durch den Ort schlendern und immer wieder stehen bleiben: In Warthe gibt es nämlich so viele Lehmfachwerkhäuser wie sonst nirgends auf der Insel. Die Streetart am Dorfplatz wirkt auf den ersten Blick etwas deplatziert, passt aber prima: Der alte Konsum aus DDR-Zeiten wird an der Fassade wieder lebendig, die Zeit quasi zurückgedreht.

An dem kleinen *Strand* am Ortsausgang möchte man sie schließlich ganz vergessen. Kein Wunder, wenn der dir märchenhaft erscheinen: Hier soll »Der Fischer und seine Frau« entstanden sein. Dichter und Maler Philipp Otto Runge aus Wolgast, der den Brüdern Grimm die Story von der größenwahnsinnigen Göttergattin einst flüsterte, war nämlich auch gern hier.

Von Warthe lässt sich die Halbinsel gut zu Fuß oder per Rad erkunden. Entweder oben rum, immer am Wasser entlang bis Grüssow. Oder einfach runter Richtung Quilitz und Rankwitz, dem Hauptort der Insel. ==Hier im idyllischen *Hafen* unbedingt bei Familie Reschke Fisch holen, denn der ist legendär.==

Bist du noch fit für eine Bergbesteigung? 18 m liegt der Jungfernberg über dem Meeresspiegel! Das ist nicht viel, aber reicht offenbar für ein Gipfelbuch. Also hochstapeln, ins Buch eintragen und den Blick weit schweifen lassen – über den vielleicht letzten wirklich ruhigen Winkel der Insel.

← Timeout heißt es am Strand von Warthe

INSIDER-TIPP
Fisch kaufen bei Reschkes!

  Warthe Strand • am Ortsausgang Richtung Quilitz

  Hafen Rankwitz • Am Hafen 1, 17406 Rankwitz • hafen-rankwitz.de

Lass wachsen!
Feng-Shui-Garten in Neeberg

→ **Komm zur Ruhe im wunderbar idyllischen** *Feng-Shui-Garten*

Durch eine alte Holztür im einstigen Hühnerstall geht es in den Garten. Vielleicht nimmst du ein Buch mit, auf jeden Fall etwas Zeit. Setz dich auf die kleine Veranda. Lausch dem Wasser, das zu deinen Füßen über Steine plätschert, und dem Wind, der über deinem Kopf mit Muscheln an Bindfäden spielt. Spürst du schon, was der Garten mit dir macht?

Angelegt wurde er 2006 von der Künstlerin Margret Schreiber-Gorny, die schon von Berufswegen weiß, wie man Dinge kombiniert, sodass am Ende ein harmonisches Ganzes entsteht. Ihre textilen Ölcollagen, für die sie gern Stoffe, Leime, Blattgold und Spiegel verwendet, haben viele Liebhaber. Bei ihrem Garten war sie allerdings nicht so frei wie sonst bei ihren Werken, sondern an Regeln gebunden. So muss ein Feng-Shui-Garten den fünf Elementen Wasser, Erde, Feuer, Holz und Metall eigene Zonen (Bagua) widmen und in jeder von ihnen sollen ganz bestimmte Pflanzen wachsen. Soweit die Theorie. In der Praxis aber, so stellte Schreiber-Gorny bald fest, pfeift manche Pflanze auf Feng-Shui und wandert auch in andere Ecken. Der Garten in Neeberg mag daher vielleicht nicht mehr exakt so sein, wie ihn sich die chinesischen Priester wünschen. Aber haben wir nicht alle mal einen Plan für unser Leben gemacht und dann Glück und Harmonie abseits eingeschlagener Wege gefunden? So ist dieser Garten nicht zuletzt dadurch, dass er Freiheiten erlaubt und Grenzen überwindet, ein Hort der Harmonie, des Friedens und der Erkenntnis.

Wenn du den Garten verlässt, verweile noch ein wenig vor den Bildern in der *Galerie im Hühnerstall*. »Seelenbilder« nennt Schreiber-Gorny ihre impressionistischen Werke. Du weißt sofort, warum.

 Galerie im Hühnerstall und Feng-Shui-Garten • Neeberger Str. 9, 17440 Neeberg • Öffnungszeiten auf Anfrage, Tel. 038 36 / 20 06 58

Die ruhigen Ecken

Insel ohne Leuchtturm Die Mühlen von Usedom

→ Anstelle eines Leuchtturms warten hier Mühlen auf dich, etwa die Bockwindmühle Pudagla

Usedom hat vieles, was man von einer Insel erwartet – freche Möwen, schöne Strände, reichlich Fisch. Doch wo ist der Leuchtturm, von dem du weit über das Meer schauen kannst? Auf dem deutschen Teil von Usedom suchst du den vergeblich. Aber keine Sorge! Was anderswo der Leuchtturm, ist auf Usedom die Mühle!

Bei der *Holländermühle* in Benz kannst du z. B. bis unter das Dach steigen. Wenn du da aus dem Fenster guckst, kommt auch etwas Leuchtturmfeeling auf. Zwar ist das Wasser dort unten nicht das Meer, sondern der Schmollensee, aber der ist auch ganz hübsch. Und überhaupt ist diese Mühle auf dem Hügel ein sehr schöner, sehr besonderer Ort. Das fanden auch schon diverse Maler. Einer von ihnen butterte 1974 sogar das ganze Geld aus einem Kunstpreis in die alte Mühle: Ohne Otto Niemeyer-Holstein könntest du dir heute vermutlich nicht anschauen, wie der Müller hier einst sein Korn mahlte. Unten an der Kasse gibt es übrigens das Leckerste, was man aus Mehl machen kann: Frischen Kuchen vom Blech!

INSIDER-TIPP
Bester Blechkuchen

Mit viel Liebe saniert wurde auch die schöne *Bockwindmühle* bei Pudagla. Auch da kann man sich auf Müllers Spuren bewegen, regelmäßig finden kleine Feste statt. Und wenn dir der Vergleich der Mühle mit dem Schiffer-Navi zu bemüht erscheint, dann fahr an den Strand von Świnoujście. Die *Bake* von 1877 da an der Mole macht voll auf Windmühle! Einst drehten sich sogar die Flügel.

6 Holländermühle Benz • Mühlenweg, 17429 Benz • muehle-benz.de

7 Bockwindmühle Pudagla • Am Mühlenberg 1, 17429 Pudagla • usedom-bockwindmuehle-pudagla.de

8 Mühlen-Bake • Uzdrowiskowa, 72–600 Świnoujście, Polen

Die ruhigen Ecken

Den Schwan reiten
Zum Kölpinsee und Schloonsee in Bansin

Wenn es in den Seebädern am Strand zu trubelig ist, hilft oft eine kurze Flucht in die zweite oder dritte Reihe, wo Bäderarchitektur verträumt in der Sonne steht und das eine oder andere Café auf Gäste wartet. Mit etwas Glück liegt da vielleicht sogar ein See.

In *Kölpinsee* etwa. Da steckt der See nicht nur im Namen, sondern auch mitten im Ort. Und ganz nah am Meer: Nur eine Vordüne und ein Schutzdeich trennen den See von der See. Und der macht seinem Namen alle Ehre. Kölpin stammt von »Colpa« und das ist Slawisch für Schwan. Weithin sichtbar leuchten die

↓ **Rein ins Tretboot und mit dem Schwan eine Runde über den See fahren**

schneeweißen Riesenschwäne, die da am Steg dümpeln und eigentlich Tretboote sind.

Vielleicht nimmst du dir eines und fährst damit raus auf das etwa einen Kilometer lange und 350 m breite Gewässer – um da bald auf echte Schwäne zu treffen, denn die brüten hier tatsächlich gern im Schilf. Herrlich abschalten kannst du auch beim Angeln. Aale, Barsche, Karpfen und Zander tummeln sich hier. Oder du umrundest den See zu Fuß oder per Rad: 7 km misst die schöne Strecke.

Auch in Bansin hast du Glück und einen See nah am Strand. 750 m lang und 400 m breit ist der *Schloonsee*. Nur 200 m trennen ihn von der Ostsee. Es gibt eine Promenade und eine Piazza, Stege führen auf das Wasser. Auch hier kannst du Schwäne beobachten und Fische angeln. Doch vielleicht setzt du dich lieber mit einem Buch auf eine Bank: am besten mit »Effi Briest« von Theodor Fontane. Denn da spielt der Schloon, wie der See dort nur heißt, eine wichtige, ja dramatische Rolle.

9 **Kölpinsee • 17459 Loddin OT Kölpinsee • Bootsverleih an der Ecke Straßstraße, Promenadenplatz**

10 **Schloonsee • Am Schloonsee, 17429 Seebad Heringsdorf OT Bansin**

Such die Muschel
Schnupperpilgern auf der Via Baltica

Bevor du dich selbst findest, musst du erstmal anderes suchen: nämlich die gelbe Jakobsmuschel auf blauem Grund oder einen aufgemalten gelben Pfeil. Beide weisen dir den rechten Weg, verstecken sich aber oft sehr geschickt. Also Augen auf!

Die *Via Baltica*, hierzulande der nördlichste Zubringer zum Jakobsweg, ist insgesamt 770 km lang und beginnt in Świnoujście an der König-Christus-Kirche direkt im Zentrum der Stadt. Die ersten 30 km verlaufen durch den ruhigen Süden Usedoms, vorbei an Wiesen und Feldern – und bieten eine prima Teststrecke für alle, die das Pilgern mal probieren wollen. Ziel ist die gotische Marienkirche in Usedom (Stadt). Die ist zwar nicht so glamourös wie die Kathedrale in Santiago de Compostela, aber auch ganz schön.

Auf dem Weg dahin gibt es neben der einen oder anderen Blase am Fuß auch landschaftlich viel zu entdecken. Am Golm, dem höchsten Berg der Insel, kommst du vorbei (nach 5 km) und an der Sankt Jacobus Kirche in Zirchow (nach 11 km), eine der ältesten Kirchen der Insel, bereits 1280 wurde das Kirchenschiff aus Feldstein gebaut.

In Stolpe (nach 23 km) führt der Weg zwar am kleinen Rondell Richtung Westen, doch lauf ruhig mal die Dorfstraße runter zum Schloss. Denn die Landbäckerei *Langhoffs Backstube* da an der Ecke ist ein Pilgerziel ganz weltlicher Art: ==Morgens stehen die Leute Schlange für die leckeren Brötchen. Und der Hefekuchen schmeckt wie bei Muttern!== Lass dich in dem kleinen Garten nieder und genieß den Blick auf das Schloss. Du hast es bald geschafft. Nur noch 6 km sind es bis zum Ziel. Halleluja!

← Passend – die Sankt Jacobus Kirche in Zirchow ist nach dem Schutzheiligen der Pilger benannt

INSIDER-TIPP
Wallfahrtsort für Hungrige

 Via Baltica ab König-Christus-Kirche • Plac Kościelny 1, 72–611 Świnoujście, Polen

Luft und Liebe Kraft tanken im Heilwald Heringsdorf

→ **Die Übung »Einhundert Fußstapfen« trainiert u. a. den Gleichgewichtssinn**

Wie wär's mal mit Waldbaden? Das ist in Japan schon längst Medizin und heißt nichts anderes als: mit allen Sinnen ganz bewusst in den Wald eintauchen. Schon zwei Stunden reichen, fand Professor Qing Li aus Tokio heraus, und die Zahl der weißen Blutkörperchen, auch Killerzellen genannt, steigt um die Hälfte. Gekillt wird auch der Stress, die Abwehr dafür gestärkt – und die gute Luft ist purer Luxus für die Lunge. Genug gute Gründe also, mal wieder in den Wald zu gehen!

Der 187 ha große Küstenwald in Heringsdorf, Europas erster *Kur- und Heilwald*, bietet dir sogar noch ein paar mehr Gründe. Nämlich verschiedene Stationen und Plätze, die dir nicht nur helfen, runterzukommen und tief durchzuatmen, sondern auch deine Motorik schulen und Perspektiven öffnen. So kannst du z. B. barfuß über einen Parcours aus Findlingen flitzen, sitzend auf einer beweglichen Tonne das Gleichgewicht üben oder auf einem Balancierbrett auf Federn die optimale Körperhaltung finden. Drei farblich markierte Wege führen durch den Wald: die gelbe ist die kurze (1100 m), die blaue die mittlere (1800 m) und die rote die lange Strecke (2460 m).

Und was darf in keinem Heilwald fehlen? Bänke natürlich. Alle paar Meter leuchten die blauen Sauerstofftankstellen durch das Grün und weisen dir den Weg zur Atempause: Draufsetzen, den Blick die Buchen hochwandern lassen und den Duft der Fichten tief, tief einatmen. ==Eine ganz besondere Bank erwartet dich auf der Anhöhe am Ende des Poesiepfads: die »Liebesbank«, von Bildhauer Jörg Steiner aus dem Gneis-Stein gehauen.== Denn klar, auch die Liebe hat heilende Kräfte. Zusammen mit dem Wald aber ist sie ein echter Booster …

INSIDER-TIPP
Perfekt für Pärchen

12 Kur- & Heilwald • Gothener Landweg 1, 17424 Heringsdorf • heilwald-heringsdorf.de

Die ruhigen Ecken

Looking for Vineta
Auf dem Streckelsberg in Koserow

→ Wo mag Vineta liegen? Egal, die Aussicht vom Streckelsberg ist auch so einfach gigantisch!

Einst war Vineta eine blühende Handelsstadt und schillernde Metropole. Unheimlich reich waren die Leute – und ziemlich schräg drauf: Sie hängten ihren Haustieren teure Klunker um und wischten ihren Kids mit weichen Semmeln den Popo ab. Da ein dekadenter Lifestyle bekanntlich nicht ohne Folgen bleibt, warnten eines Tages die Senioren der Stadt: Man müsse Vineta verlassen, der Untergang sei nah. Auch eine Meerjungfrau verkündete Unheil – vergebens. In einer stürmischen Novembernacht riss eine riesige Sturmflut die Stadt in die Tiefe. Vineta war passé.

Was blieb, ist ein riesiges Rätsel. Und der *Vinetablick* in Koserow! Denn der Sage nach sei Vineta direkt hier verschwunden. Eine Karte aus dem Jahr 1618 verzeichnet die Stadt, die es vermutlich tatsächlich gegeben hat, dort sogar. Was die Sage auch verspricht: Mit viel Glück taucht Vineta dort irgendwann auch wieder auf. Zu Ostern stünden die Chancen wohl besonders gut. Aber wer weiß das schon. Also rauf auf den *Streckelsberg*, mit 58 m die zweithöchste Erhebung der Insel, und oben auf der Aussichtsplattform runter aufs Meer gucken.

Das Meer ist platt wie ein Spiegel, nicht mal ein paar läppische Wellen wollen sich erheben – und das Einzige, was sich bewegt, sind die Kormorane, die ihre Flügel zum Trocknen in die Sonne hängen? Macht nichts. Der Blick auf das Meer ist einfach schön. Genieß ihn eine Weile und geh dann noch ein bisschen weiter des Weges, da warten weitere schöne Aussichten auf dich. Vielleicht findest du nicht Vineta hier oben. Dafür anderes: beispielsweise eine ganz besondere Atmosphäre – und etwas Ruhe.

 Streckelsberg, Vinetablick • ab Seebrücke Koserow etwa 20 Minuten Fußweg

Die ruhigen Ecken

Mit und ohne Schaf
Versteckte Strände fast für dich allein

→ Der Gnitz punktet mit seinen einsamen Stränden – einfach herrlich!

Vermutlich zögerst du an der Pforte. Ist es erlaubt, hier lang zu gehen? Doch nicht »privat« steht dran, sondern »Gnitz«. Und das ist kein Familienname: *Gnitz* heißt die hübsche Halbinsel, an deren Südspitze du gerade stehst. Trotzdem wird gleich jemand meckern. Denn den schönen Strand mit dem hübschen Blick teilst du dir mit einer Horde Schafe.

Die sollen durch ihre Mäharbeiten verhindern, dass der Trockenrasen zuwuchert und Karthäusernelken, Sandstrohblumen sowie die gefährdeten Wiesenkuhschellen keine Chance haben. Tore und Zaun sind dafür da, um die Schafe vor Wölfen zu schützen. Nützlicher Nebeneffekt: Die Tür macht dir bewusst, dass du durch ein Naturschutzgebiet läufst und dich entsprechend verhältst.

Etwas leichter zu finden ist der *Strand von Pudagla*, dem kleinen Dorf mit der hübschen Bockwindmühle und dem schlichten Schlösslein. Beides lässt du hinter dir und fährst einmal durch den ganzen Ort und dann die kleine Straße runter zum Wasser. Mit seinem feinen Sand, dem flachen Wasser und dem großen Baum als Schattenspender ist der Strand ein kleines Juwel. Sogar an heißen Tagen ist hier nicht viel los, mit etwas Glück hast du dieses traumhafte Plätzchen ganz für dich.

Nimm am besten einen Picknickkorb und viel Zeit mit. Vielleicht sogar etwas Holzkohle und Fleisch und Gemüse, ==denn der Grillplatz unter dem großen Baum ist mit Abstand der schönste der Insel.== Bleib unbedingt so lange, bis die Sonne über dem Wasser untergeht. Das ist einfach magisch.

INSIDER-TIPP
Grillen und chillen

14 Zur Südspitze des Gnitz nach Lütow, am Ferienresort Möwenort beginnt der Wanderweg

15 Zum Badestrand von Pudagla führt die Straße »Zum Achterwasser«, Parkplatz direkt am Strand

Die ruhigen Ecken

Relax am Haff In Kamminke und auf dem Golm

→ Der stille Golm ist ein Ort der Besinnung

→ Auch beim Blick aufs Haff kannst du die Gedanken schweifen lassen

Ein Geheimtipp ist der kleine Hafen von Kamminke mit der Fischräucherei auf der Mole schon lange nicht mehr. In der Saison ist es hier ganz schön wuselig und die Schlange vor dem Imbiss windet sich wie der Aal, der im *Klönsnack*-Logo das S mimt. Doch ein freier Liegestuhl wird sich finden. Da setzt du dich rein, lässt den Trubel hinter dir und schaust hinaus aufs Haff.

Das Stettiner Haff ist das zweitgrößte Haff der Ostsee, gerade mal 4 m tief und die vielleicht wahre »Berliner Badewanne«, denn die Hauptstädter sind ratzfatz an dessen anderem Ufer, ohne auf die Insel gurken zu müssen. Hier in Kamminke aber ist Berlin weit weg (auch wenn der Ortsname etwas berlinert) und den Sandstrand da unten hast du vielleicht sogar ganz für dich.

Lauf später einfach mal hoch in den Ort und zähle die Reetdächer, es sind nicht wenige. Ein ganz besonderer Ort der Stille erwartet dich auf dem *Golm*, mit 69 m die höchste Erhebung der Insel. Kleine Kreuze stehen vereinzelt im Gras. Auf einer Anhöhe thront eine beeindruckende Gedenkstätte – in Erinnerung an die 6000 bis 10 000 Opfer des Luftangriffs auf Swinemünde im März 1945. Der Golm ist einer der größten Friedhöfe für Kriegsopfer Deutschlands.

Bewegt von der Geschichte läufst du hoch zum Gipfel, wo dich ein schöner Blick rüber nach Polen erwartet, auf die einzige große Stadt auf der Insel. Direkt vom Parkplatz am Golm führt eine kleine Allee auf eine Holzbrücke, an ihrem Ende liegt Polen. Was für ein herrlich unaufgeregter, friedlicher Grenzübergang!

16 Fischräucherei Klönsnack • Auf der Mole, 17419 Kamminke • fischraeucherei-kamminke.de

17 Golm • 17419 Garz • vom Hafen von Kamminke in 30 Minuten zu Fuß erreichbar

Die ruhigen Ecken

143

Schwimmen ohne Ende Infinity Pool und Spa in Ahlbeck

↓ Im Wellnesshotel Ahlbeck erreichen Baden und Entspannung eine andere Ebene

Wo hört das Becken auf, wo fängt die Ostsee an? Als würdest du vom Spa direkt ins Meer kraulen – im Infinity Pool verschwimmen die Grenzen. Die Morgensonne, die eben erst hinten am Horizont ihrem Bett entstieg, tut nichts, um die optische Täuschung zu entlarven, sondern sorgt für ein freundliches Flirren auf dem Wasser und damit für weitere Unschärfe.

Tatsächlich aber trennen dich ein paar Meter vom Meer. Und diverse Grad Celsius: 30 Grad hat das Wasser im Pool des Viersternehotels *Das Ahlbeck* direkt am Strand und ist damit mehr als doppelt so warm wie die Ostsee. Noch wärmer wird es bei der

INSIDER-TIPP
Muschel-wellness

==Muschelmassage, die es im Familienspa unten im Haus gibt:== Jede der verwendeten Venusmuscheln wurde handverlesen, geschliffen und poliert. LavaGel im Inneren der Muscheln sorgt für wohltuende Wärme von bis zu 50 Grad. Damit hilft die LavaShell Massage nicht nur prima bei verspannten Muskeln, Rheuma, Durchblutungsstörungen, Energiemangel und Stress, sondern ist auch gut für Menschen, die viel Wärme brauchen.

Egal, ob du das Meer indirekt an deinen Körper bei der Muschelmassage lässt oder direkt mit einem Bad im Wasser, die Ostsee ist immer ganz nah. Und sie liegt dir zu Füßen, sobald du den Rand des Pools erreichst (so ein Infinity Pool ist ja entgegen aller Behauptungen doch nicht unendlich). Genieß einfach den Blick auf die frische See im herrlichen badewannenwarmen Wasser!

Du musst übrigens nicht im Ahlbeck Hotel einchecken, um in den Genuss von Pool und Spa zu kommen. Tagesgäste dürfen hier gern zum »Bademanteltag« vorbeikommen. Frag einfach an der Rezeption nach den Konditionen (z. B. lohnt sich die 5er-Karte).

18 **Das Ahlbeck Hotel & Spa • Dünenstr. 48, 17419 Heringsdorf • das-ahlbeck.de**

Die ruhigen Ecken

Dem Feuerball entgegen Abends zum Loddiner Höft

Eine Wanderung zum Sonnenuntergang ist ja eigentlich eine schöne Idee. Die Sache hat nur einen Haken: Wer auf einer Bank irgendwo im Nirgendwo der Sonne dabei zuschaut, wie sie malerisch den Abgang macht, sitzt danach im Dunkeln und fragt sich, wie er den eigenen gleich hinbekommt, ohne dabei über Wurzeln und Gestrüpp zu stolpern. Denn die Sonne ist ja weg und Laternen gibt es nicht. Also doch keine gute Idee?

Doch, man muss nur die richtige Tour wählen: nämlich die zum *Loddiner Höft*. Denn da wanderst du nicht lange. Keine 20 Minuten sind es vom Parkplatz vor dem Restaurant Waterblick bis zur Bank für den Sonnenuntergang (prima für Laufmuffel). Auch geht es vorwiegend an Feldern und Wiesen vorbei, fast immer geradeaus (nur einmal scharf um die Ecke) – und zurück denselben Weg.

Höft hat übrigens nichts mit Gehöft zu tun, auch wenn dich das Pferd hinter dem Weizenfeld, das auf dem Hinweg mit dir Peek-a-boo spielt, vielleicht auf diese Fährte locken will. Vielmehr ist das Wort »Höft« oder »Höwt« slawischen Ursprungs und bezeichnet höher gelegene Uferstücke. Das Steilkliff hier liegt etwa 8 m über dem Meeresspiegel auf einer romantischen Steilküste und bietet daher einen traumhaften Ausblick.

Lass dich auf der Bank nieder und genieß die Landschaft. Geradeaus ist der Lieper Winkel, links siehst du die Halbinsel Gnitz und da hinten, schau, geht die Sonne unter. Wenn du dann irgendwann zurückläufst durch die dunkle Stille, dann denk vielleicht kurz daran, dass diese Ecke der Insel vor langer, langer Zeit einst stark besiedelt war – es ist heute kaum vorstellbar.

← Nach der kurzen Wanderung erwartet dich eine traumhafte Aussicht

← Die Welt steht für einen Moment still, während du auf der Bank sitzt und das Meer betrachtest

19 Loddiner Höft • Wandern ab dem Parkplatz vor dem Restaurant Waterblick • Am Mühlenberg 5, 17459 Loddin

Die ruhigen Ecken

Dem Himmel so nah
In der niedlichsten Sternwarte

Am Tag sieht es aus wie ein kleines Ferienhaus. In bester Lage allerdings, so direkt hinter der Düne und gleich neben der großen Freifläche an der Seebrücke in Heringsdorf, wo im Sommer das Theaterzelt Chapeau Rouge steht und im Winter die Schlittschuhbahn liegt. Aber wenn es dunkel wird, kannst du hier Erstaunliches beobachten. Denn plötzlich schiebt sich das Dach in der Mitte auseinander, ein großes Fernrohr richtet sich gen Himmel und das kleine Haus zeigt, was wirklich in ihm steckt: die wohl niedlichste Sternwarte des Nordens!

1960 wurde die *Volkssternwarte* gebaut, und zwar auf Anregung von Manfred von Ardenne (1907–1997), dem erfinderischen Baron, der schon mit 16 sein erstes Patent hatte und mit 24 auf das Titelblatt der »New York Times« kam, weil er auf der Funkausstellung in Berlin das erste elektronische Fernsehen vorstellte. Rund 600 Erfindungen und Patente gehen auf das Konto des angewandten Physikers, der zuletzt in der Krebstherapie forschte. Einen Ausgleich zu seinen Tüfteleien fand Ardenne zum einen in den Kaiserbädern (vielleicht bist du schon an seinem Ferienhaus an der Promenade vorbeigelaufen) und zum anderen in der Astronomie (so baute er 1956 in Dresden seine erste Volkssternwarte). Nur logisch also, dass Ardenne sich in Heringsdorf für die Sternwarte einsetzte und ihr ein Spiegelteleskop mit 720facher Vergrößerung schenkte.

Mit diesem Fernrohr aus dem Jahr 1930 kannst du dir heute immer noch die Sterne ranholen: unter fachkundiger Führung an einem Abend in der Volkssternwarte. Wenn dann das letzte Licht ausgeknipst wird und nur noch die Sterne über dir funkeln, macht sich eine ganz besondere Stimmung breit. Plötzlich flüsterst du, so ruhig wird es dann.

← **Klein, aber sehr fein: die Volkssternwarte in Heringsdorf**

 Volkssternwarte »Manfred von Ardenne« • Delbrückstr. 10, 17424 Heringsdorf • sternwarte-usedom.de • Führungen abends bei klarem Himmel

Hier ist was los, hier steppt der Bär. Und du: mittendrin. Stürz dich rein ins pralle Leben, in die urigsten Events, die kultigsten Kneipen, die stimmungsvollsten Konzerte, die angesagtesten Festivals. Man lebt schließlich nur einmal!

Das pralle Leben

In Feierlaune das ganze Jahr

Das pralle Leben

Who let the dogs out?
Anfeuern beim Hundeschlittenrennen

Im Winter siehst du am Strand mehr Möwen als Leute. Viel los ist nicht. Es sei denn, du kommst zu den *Baltic Lights*. Dann nämlich drängeln sich die Massen an Banden. Was gibt es zu sehen? Erstaunliches: Hundeschlitten! Mit Huskys davor und Promis darauf! Dieter Hallervorden, Ulrike Folkerts oder André Eisermann wurden hier schon gesichtet. Und auch der Organisator hat ein bekanntes Gesicht: Es ist der Schauspieler Till Demtrøder. Bei Dreharbeiten entdeckte er einst seine Liebe zu den hübschen Hunden mit den stahlblauen Augen. Seitdem hat er selbst Huskys und seit 2016 organisiert er auf Usedom mit den Baltic Lights das »nördlichste Schlittenhunderennen Deutschlands«, bei dem neben internationalen Musher-Teams auch immer ein paar VIPs auf den Schlitten steigen – zugunsten der Welthungerhilfe.

An drei Tagen flitzen die Schlitten zwischen den Seebrücken von Heringsdorf und Ahlbeck hin und her und Zehntausende gucken zu. Liegt kein Schnee auf dem Strand, werden die Kufen gegen dicke Ballonreifen getauscht – läuft! An drei großen Biike-Feuern am Strand kannst du dich bei heißen Getränken aufwärmen. Die traditionellen friesischen Feuer zwischen Ahlbeck und Bansin treten übrigens auch gegeneinander an: Nach dem Signalschuss einer Leuchtrakete werden sie parallel entzündet. Welches als Erstes komplett in Flammen steht, hat gewonnen.

Später im Jahr jagt Demtrøder noch mal Hunde über die Insel: 30 bis 40 Irish Foxhounds folgen beim *Usedom Cross Country* mit doppelt so vielen Reitern einer ausgelegten Duftspur. Die ganz unblutige Schleppjagd ist auch ein Charity-Event mit Promifaktor.

← Rund 60 000 Zuschauer fiebern gespannt bei den Trainings und Rennen mit

← Promis wie Susan Sideropoulos wagen sich als Musher auf den Hundeschlitten

1 Baltic Lights • Termine und Infos unter balticlights.de

2 Usedom Cross Country • Termine und Infos unter usedomcrosscountry.de

Performance auf der Promenade Das Internationale Kleinkunstfestival

→ **Ein Mix aus Akrobatik und Urban Dance – The Funky Monkeys zeigen ihr Können beim *Internationalen Kleinkunstfestival***

Bleibst du auch gern stehen, wenn auf der Straße jemand Quatsch macht, zaubert oder jongliert? Dann musst du zu Pfingsten nach Usedom. Denn über die Feiertage versammeln sich jedes Jahr Magier, Comedians, Feuerschlucker, Artisten und Pantomimekünstler zum großen Festival der kleinen Kunst. Vier Tage lang werden die Plätze um die Seebrücke von Heringsdorf zu einer einzigen großen Freiluftbühne – und entspannte Urlauber zum dankbarsten Publikum. Dennoch dürften dir so manche Zuschauer auffallen, die ganz kritisch zugucken. Keine Kleinkunstbanausen sind das, sondern Mitglieder der sieben- bis achtköpfigen Jury, die am Ende entscheidet, wer ein Preisgeld nach Hause trägt: Alle Künstler befinden sich im Wettbewerb. Jeder darf nicht länger als 30 Minuten spielen, so die Regel. Bewertet werden u. a. Originalität, Publikumswirksamkeit und künstlerischer Gesamteindruck.

Im Jahr 2000 fand das Festival zum ersten Mal statt. Seitdem hat es sich international einen Namen gemacht. Von weither reisen die Künstler an, etwa aus Japan, Kanada oder Neuseeland. Kost und Logis sind frei. Eine Gage gibt es nicht, dafür steht der Hut da. Bei der Auswahl der 28 Solokünstler und Künstlergruppen aus über 200 Bewerbungen beweist der Verein übrigens regelmäßig ein gutes Händchen. So mancher, der auf dem Heringsdorfer Pflaster spielt, tut das später auf der großen Bühne. Wie sich das anfühlt, können die Künstler in Heringsdorf gleich mal testen: ==Immer am Samstag treten die Teilnehmer beim »Varieté am Meer« im Kaiserbädersaal auf.== Rechtzeitig um Karten kümmern!

INSIDER-TIPP
Von der Straße ins Varieté

 Internationales Kleinkunstfestival Insel Usedom • immer zu Pfingsten in Heringsdorf an der Seebrücke • kleinkunst-festival.com

Das pralle Leben

Tanzen im Sand
In der chilligsten Strandbar der Insel

Was kommt raus, wenn man einen alten Kutter aus der DDR mit dem Anhänger eines Mähdräschers verkuppelt? Wenn es gut läuft, so wie in Zinnowitz, eine ziemlich passable Strandbar, die auch mal als Bierwagen die Berge erkundet. Meistens aber steht sie am Strandaufgang 8Q im Sand, direkt neben der Surf- und Segelschule *Sail Away Usedom*, und heißt daher schlicht *Surfbar 8q*.

Hier musst du unbedingt mal auf einen Drink vorbeischauen. Auf einen Mojito oder Wildberry Gin. Legendär ist auch die Sommerbowle mit Melone. Vielleicht gibt es sogar Livemusik dazu, denn gemeinsam mit der Kurverwaltung wird hier regelmäßig eine Band aufs Podest gestellt. Gute handgemachte Gitarrenmusik bekommst du dann zu hören. Oder Reggae. Oder Pop. Auf jeden Fall wird es chillig.

Wenn du lieber richtig tanzen willst, dann frag nach der großen Beachparty, die hier zwei-, dreimal im Jahr geschmissen wird. Dann legt der DJ im Rettungsturm der Surfschule auf, die Bühne wird zum Dancefloor und an der Bar rufen alle nach dem »Mexikaner«. An dem Rezept für den selbstgemachten Tomatenschnaps hat die Crew lange getüftelt, denn die trinkt den auch sehr gern. Genauso gern schmeißt sie mal eine Runde – für Freunde und Stammgäste. Und das sind viele. Vielleicht gehörst auch du bald zum Inner Circle.

Barbetreiber Benjamin Jekat, den alle nur Benni nennen, kümmert sich in seinem anderen Beruf übrigens um Strand- und Baumpflege und lässt von seinen Maschinen regelmäßig den Strand durchsieben. Ob man dabei nicht lauter Schätze findet, wird Benni oft gefragt und der winkt dann ab. Fünf Euro in Münzen vielleicht, wenn's hochkommt! (Für einen Drink würde es reichen ...)

← Am Strand von Zinnowitz kannst du mit einem Drink in der Hand und den Füßen im Sand den Tag genießen

4 **Surfbar 8Q • Zinnowitz, Strandaufgang Q • surfbar-8q.de**

Das pralle Leben

Schwofen vor Schiffen Die Hafenfeste auf Usedom

Keine Container, keine Kräne, keine Spelunken – Häfen auf Usedom sind in erster Linie idyllisch. Zumindest auf der deutschen Seite, denn da liegen sie friedlich am Achterwasser oder Peenestrom, nicht am offenen Meer. Doch einmal im Jahr feiern die kleinen Häfen ein großes Fest und die übliche Ruhe ist kurz passé.

Beim *Hafenfest in Karlshagen* werden Shantys gesungen und Modelschiffe zu Wasser gelassen. Ein Speedboot startet vom Kai. Es gibt einen Rummel mit Riesenrad und Karussells, abends wird getanzt und ein Feuerwerk bestaunt. Und nichts erinnert mehr daran, dass bis 1990 der Hafen militärisches Sperrgebiet war und nicht nur Feiern, sondern auch alles andere hier verboten war.

Eine Wandlung hat auch der kleine *Hafen in Stagnieß* bei Ückeritz hinter sich. Ursprünglich ein Verladehafen wird er jetzt gern von Wasserwanderern und Yachten angesteuert. Es gibt einen Imbiss, einige Ferienhäuser und einen Naturcampingplatz. Im August ist dann Fischerfest! Mit Tretbootcup, Entenangelcup und Möwenschisscup – und legendärer Fischerparty samt Livemusik.

Das größte Fischerfest feiert aber *Freest* auf dem Festland. Eine Fähre von Peenemünde bringt dich schnell rüber. Jeweils am ersten Wochenende im August strömen bis zu 30 000 Besucher in das 800-Seelen-Dorf. In einem großen Festzelt legt ein DJ auf, ein Riesenrad dreht sich am Strand und kulinarisch gibt es dann eigentlich nur eines: frischen Fisch. Denn für den ist Freest berühmt.

← Nachdem die Sonne im Meer versunken ist, geht's beim Hafenfest in Karlshagen erst richtig los

← Überall am Wasser gibt es Gelegenheiten, um entspannt zu klönen und gemütlich etwas zu trinken

5 **Hafen Karlshagen • Am Hafen, 17449 Karlshagen • Infos zum Hafenfest unter karlshagen.de/hafenfest**

6 **Hafen Stagnieß • 17459 Ückeritz • Infos zum Fischerfest unter usedomer-bernsteinbaeder.de**

7 **Fischereihafen Freest • Am Hafen, 17440 Kröslin • Infos zum Freester Fischerfest: freester-fischerfest.de**

Muscheln und Mucke
Konzerte im Sand

→ Im Strandkorb lauschst du entspannt der Musik bei den StrandLäufer-Barfuß-Konzerten

Ein Spaziergang am Traumstrand zwischen Ahlbeck und Bansin ist ja immer eine gute Idee. Vor allem aber an den Abenden der *StrandLäufer-Barfuß-Konzerte*, denn dann spazierst du von einem Gig zum nächsten. An sechs bis acht der typischen Buden, wo sonst Snacks und Strandkorbschlüssel herausgereicht werden, gibt es Livemusik und Cocktails. Vermutlich lodern ein paar Fackeln romantisch im Sand.

Gefällt dir der Sound, dann lass dich in den Sand plumpsen und chill bei entspannten Klängen, und wenn du so richtig den Beat spürst, dann tanz den Sommer raus. Vielleicht versackst du da ja, vielleicht ziehst du aber auch bald weiter. An insgesamt vier Abenden von Juni bis August hast du die Gelegenheit dazu. Schau gleich mal, wann es wieder so weit ist.

Wenn du coole Musik lieber am Stück konsumierst, dann merk dir *Use-Tube*. Dahinter verbirgt sich eine geballte Konzertreihe junger, oft noch nicht so bekannter Künstler, denen an einem Wochenende Ende Juni oder Anfang Juli eine Bühne gegeben wird. Und was für eine: die hübsche Kurmuschel in Ahlbeck, Baujahr 1908, unweit der schönsten Seebrücke der Ostsee.

Wer hier auftritt, hat nicht selten eine große Karriere vor sich. So begeisterte beim ersten Use-Tube im Jahr 2012 Felix Meyer, der heute Hallen füllt, zwei Stunden lang das Publikum. Die Genres sind übrigens vielfältig: Neben neuem Pop gibt es beispielsweise auch Ska, Elektro, Rap und Rock zu hören. Freu dich auf drei Abende mit jeweils zwei spannenden Gigs. Der Eintritt ist wie bei den Barfuß-Konzerten auch: komplett frei.

8 StrandLäufer-Barfuß-Konzerte • zwischen Ahlbeck und Bansin • Informationen und Termine unter kaiserbaeder-auf-usedom.de

9 Use-Tube • Kurmuschel Ahlbeck • kaiserbaeder-auf-usedom.de

Das pralle Leben

Größer geht nicht
Baggermarathon beim Usedom-Beachcup

Einmal Weltmeister, immer Weltmeister. Zwar stellten die Kollegen vom Guinnessbuch der Rekorde 2008 zuletzt fest, dass Karlshagen das größte Beachvolleyballturnier der Welt veranstaltet, nur ist das schon eine Weile her. Dass man aber auf anderen Turnieren vielleicht noch mehr Spielfelder, noch mehr Zuschauer und noch mehr Spaß haben soll, ist irgendwie nicht vorstellbar. Denn beim *Usedom-Beachcup in Karlshagen* siehst du den Strand vor lauter Feldern nicht. 90 sind es, darauf baggern und pritschen mehr als 1000 Spieler in sechs Cups und etwa 3700 Spielen, ca. 35 000 Leute gucken ihnen dabei zu. Auch Profis aus der Bundesliga und dem deutschen Nationalteam kommen regelmäßig nach Karlshagen. Doch alle, die hier spielen, haben im Vorfeld schon bewiesen, dass sie richtig schnell sein können: Kaum stehen die Anmeldelisten Anfang Mai im Netz, sind diese in wenigen Minuten voll.

Dass alle nach Karlshagen wollen, liegt auch an den großen Beachpartys, die hier am Freitag und Samstag gefeiert werden und für die du – wie für das gesamte Turnier auch – keinen Eintritt zahlen musst. Veranstaltet werden die von den Jungs vom *Baltic Spring Break*, der dreitägigen Beachparty in Ahlbeck am Grenzstrand, zu der in den letzten Jahren schon mal 50 DJs und 5000 Gäste abtanzten.

Für Kurzentschlossene gibt es am Sonntag die Möglichkeit, noch mitzuspielen. Für den Funcup-Pokal kannst du dich direkt vor Ort noch anmelden. Gewuppt wird das Mega-Event übrigens durch zwei gemeinnützige Vereine mit knapp 200 Ehrenamtlichen. Und auch das ist fast schon wieder rekordverdächtig.

← Blauer Himmel, Sonnenschein und nervenaufreibende Spiele gibt's beim Usedom-Beachcup

INSIDER-TIPP
Spontan mitspielen

Beachcup am Strand von Karlshagen • Termine, Infos und Anmeldung unter usedom-beachcup.de

Wirf dich ins Rüschenkleid für die Kaisertage in Heringsdorf

→ Volksnahes Kaiserpaar bei den Kaisertagen

Der Kaiser ist in Ahlbeck, Bansin und Heringsdorf ja allgegenwärtig. Dafür sorgt allein schon das »Kaiserbad«, das sich jeder der drei Orte wie einen Doktortitel voranstellen darf, weil Wilhelm II. hier einst gern vorbeischneite. Mit Vorliebe trank er seinen Tee übrigens bei Frau Konsul Staudt, weshalb vor der gleichnamigen Villa an der Promenade seine Büste heute recht steif im Vorgarten steht. Doch einmal im Jahr wird der Kaiser in Heringsdorf wieder sehr lebendig: Immer am ersten Wochenende im August fährt er mit Pickelhaube und Gemahlin Auguste Viktoria in der Kutsche durch den Ort und winkt dem Volk zu.

Alles Fake natürlich und just for fun: Die *Kaisertage* darf niemand zu ernst nehmen. Hier wünscht sich keiner die Monarchie zurück. Stattdessen geht selbige dabei in schöner Regelmäßigkeit baden – nämlich wenn Wilhelm II. und Auguste Viktoria am Sonntagnachmittag in die Ostsee steigen. Doch auch wenn sich die Beiden kurz danach verabschieden, das größte Straßenfest der Region geht bis in den späten Abend weiter: mit einem historischen Jahrmarkt und großem Kunsthandwerkermarkt, mit Musikacts auf zwei Bühnen und Straßenkünstlern an jeder Ecke und vielem mehr.

Höhepunkt aber ist der Umzug am Samstag. Das Beste daran: Hier darf jeder in des Kaisers alten Kleidern mitlaufen. Wenn du also schon immer mal in historischen Rüschen die Promenade entlang flanieren wolltest, such dir aus den etwa 300 Kostümen, die kostenlos verliehen werden, eines aus. Stell dich aber schon mal darauf ein, dass du damit für so manches Selfie posieren musst.

INSIDER-TIPP
Rüschen für umme

Kaisertage in Heringsdorf • immer am 1. Augustwochenende • kaisertage.de

Das pralle Leben

Ab in die Luft
Wenn die Drachen Party machen

↓ Bunt und in fantastischen Formen – auch Erwachsene sind begeistert vom *Drachenfestival in Karlshagen*

Für einen Drachen ist so ein Strand schlichtweg perfekt. Wind gibt es fast immer. Es stehen weder Strommasten noch Bäume rum, in die er sich verheddern könnte. Und der Mensch, der unten an der Leine hängt, hat auf dem weiten Sandstreifen genug Auslauf. Die kleinen Flieger tanzen daher auch gern außerhalb ihrer Hochsaison im Herbst an der Küste durch die Lüfte. Doch so richtig Party machen sie erst, wenn am Strand keine Badegäste mehr herumliegen und sie sich problemlos entfalten können: bei den Drachenfesten, die im September und Oktober in verschiedenen Orten auf der Insel gefeiert werden.

Das größte Drachenfestival ist das in Karlshagen. Kein Wunder, denn für Familien wird da ohnehin viel getan. So hat das Seebad im Inselnorden nicht nur ein besonders großes Herz für Kinder, sondern auch eine eigene Kinder-Kurdirektorin, die sich auf Augenhöhe um die Fragen der Kleinen kümmert (das gibt es sonst nirgends). Das Drachenfestival wird auch traditionell von ihr eröffnet. Zwei Tage lang dreht sich dann alles um die leichten Flugobjekte – schon von Weitem siehst du sie am Himmel stehen. Manche sind weit über 10 m lang. Viele Figuren aus Filmen und Märchen sind dabei.

Aber auch am Boden tut sich was. Die Kleinen können sich schminken lassen, zu Livemusik hopsen, Drachen aus Sand bauen, an einer Drachenschlange aus Luftballons mitbasteln (die wird schon mal 200 m lang oder noch länger) oder einem riesigen aufgeblasenen Drachen den Buckel runterrutschen. Aber natürlich können sie auch ihre eigenen DIY-Kreationen steigen lassen. Die schönsten selbst gebastelten Drachen werden am Ende prämiert.

12 **Drachenfestival Karlshagen • immer im Herbst • karlshagen.de/drachenfestival**

Das pralle Leben

Lass krachen!
XXL-Feuerwerke und Pyrogames

Vieles ist einfach besser am Strand. Dazu gehören auch Feuerwerke. Ohne im Weg stehende Häuser hast du am Strand den Blick auf das Große und Ganze. Mehr noch: Das Meer fungiert als riesiger Spiegel und verdoppelt die Glitzerlichter auf ganz wunderbare Weise. Na, schon Feuer und Flamme? Zum Glück musst du auf Usedom nicht bis Silvester warten, bis hier was in die Luft geht.

← Die Pyrotechniker malen fantastische Bilder an den Himmel über der Ostsee

Den Tag der deutschen Einheit feiert Usedom immer mit einem *XXL-Feuerwerk* entlang der gesamten Ostseeküste. Im 10-Minuten-Takt werden nacheinander in den einzelnen Orten von Heringsdorf bis Karlshagen die Feuerwerkskörper gezündet. 90 Minuten dauert das Spektakel, so lange wie ein guter Krimi. Und am besten verpasst du auch hier keine Minute. Wie das gehen soll bei der langen Küste? Spring auf ein Boot der Adler-Schiffe und genieße den Blick vom Wasser aus! Ein DJ sorgt während der Fahrt für Stimmung. Los geht es ab Peenemünde oder Karlshagen.

INSIDER-TIPP
Vom Wasser aus alles im Blick

Im Herbst findet auch das Duell der Feuerwerker statt. Klingt dramatisch? Das Ergebnis kann sich aber sehen lassen. Denn jeder teilnehmende Pyroprofi will das schönste Feuerwerk an den Himmel zaubern. Im Takt der Musik werden die Raketen gezündet. Das Publikum steht staunend auf der Promenade und wählt am Ende den Sieger aus. Doch auch am Boden ist bei den *Pyrogames* was los. Es gibt Buden mit Snacks, Drinks, Klamotten und Schmuck. Und – passend zum Feuerwerk – irre Feuerakrobatik.

13 XXL-Feuerwerk am 3. Oktober in den Seebädern von Usedom

14 Adler-Schiffe • Sonderfahrt zum XXL-Feuerwerk, Infos unter adler-schiffe.de

15 Pyrogames in Zinnowitz • Termine unter pyrogames.de

Glanz im Glashaus
Weihnachtsmarkt in der Inselgärtnerei

→ Ein Highlight in der Vorweihnachtszeit: Der Weihnachtsmarkt in der Inselgärtnerei Kühn

Am Anfang stand der Baum. Und zwar in voller Schönheit und von allen Seiten gut einsehbar, sodass jeder, der ihn kaufen wollte, einmal drumherum laufen konnte, bevor er sich entschied. Alle Weihnachtsbäume stellten Bianka und Benjamin Kühn in ihrer *Inselgärtnerei* in Alt-Sallenthin so auf. Einem Wäldchen glich der Platz und es war eine Freude, da durchzulaufen. Das sollte so: Denn die Kühns wollten den Kauf des Weihnachtsbaums zum Erlebnis für die ganze Familie machen.

Und was könnte dabei noch helfen? Der Duft von Glühwein und gebrannten Mandeln, die Stimmen von Musikern und Märchenerzählern, das Leuchten von Kerzenschein und Kinderaugen – kurz: ein Weihnachtsmarkt, aber ein schöner! Also wurde das Gewächshaus, in dem im Winter eh nicht viel sprießt, kurzerhand zum Winterwunderland umgemodelt. Vielleicht fühlst du dich bei dem vielen Glas ein bisschen wie in einer dieser niedlichen Schneekugeln, die du schütteln kannst, nur dass der Schnee, sollte welcher vom Himmel fallen, draußen bleibt.

Seit 2016 verwandelt sich die Inselgärtnerei an einem Wochenende im Advent in den wohl schönsten Weihnachtsmarkt der Insel und den solltest du keinesfalls verpassen. Nicht nur die Stimmung ist exklusiv, auch das Angebot der Händler ist es – Fotografen, Schmuckdesigner, Maler und Töpfer bringen schöne Dinge mit. Und immer wird auch Gutes getan: Firmen und Hotels spenden Gutscheine und Sachen, die bei einer Tombola oder Versteigerung unters Volk kommen. Der Erlös geht an Kindergärten, Schulen und Jugendclubs auf Usedom. Diese bedanken sich dafür übrigens schon im Vorfeld und basteln und dekorieren das Glashaus mit.

 Inselgärtnerei Kühn • Alt Sallenthin 16, 17429 Bansin • Termine und Infos unter inselgaertnerei.de

Das pralle Leben

Das war ein bisschen viel an Info? Du weißt nicht, wo du anfangen sollst? Na dann, hier kommen ein paar Vorschläge: die Tipps aus diesem Buch, neu gedacht, neu sortiert. Teste dies, probiere das und würfel alles wieder neu zusammen!

Mix & Match

Mach dein eigenes Ding

Kurzurlaub
In zwei Tagen besonders viel erleben

Tag 1

Der frühe Vogel fliegt zur Seebrücke
Denn dahinter geht höchst malerisch die Sonne auf. Nimm einen Kaffee to go mit, setz dich damit auf eine der vielen Bänke, die so eine Seebrücke hat und genieß das Naturschauspiel – z. B. in Ahlbeck. → **S. 12**

Fang dir den Fisch
Um acht fahren die Jungs von Baltic-Fishing raus, um die ganz großen Fische aus dem Wasser zu holen. Buch dir deinen Platz auf dem Boot, fahr nach Zecherin (Achtung, nicht das mit der Brücke, sondern das bei Mölschow) und schnapp dir die Angel – Petri Heil! → **S. 9**

Runterkommen im Garten
So eine Angeltour hat ja schon was Meditatives, aber setz ruhig noch eins drauf mit dem *Feng-Shui-Garten* in Neeberg. Durch einen alten Hühnerstall mit Bildern von Margret Schreiber-Gorny geht es in die grüne Oase mit plätscherndem Brunnen und schöner Veranda – bleib ruhig ein bisschen. → **S. 128**

Verliebt in Krummin
Krummin ist ein ziemlich kleiner Ort, der erstaunlich viel zu bieten hat: Neben der St. Michael Kirche, einer der ältesten Kirchen der Insel, liegt der charmante Schuppen-Shop *Holz und Meer* mit maritimer Landhausdeko. → **S. 16**

Ab in den Hafen
Vielleicht legt gerade die »Romantik« ab, ein schönes altes Zeesboot. Schau ihr nach und lass dich dann an der Hafenbar nieder. Und dann genieß mit einem Drink in der Hand den Sonnenuntergang ... → **S. 16**

Tag 2

Von oben runter gucken
Den besten Überblick bekommst du bekanntlich von oben. Also steig in den Flieger oder ins Körbchen und schau dir Usedom mal aus der Vogelperspektive an. Das wird auf jeden Fall ein Erlebnis – egal, ob du dich für den Doppeldecker, den Segelflieger oder den Heißluftballon entscheidest. → **S. 20**

Fliegen über den Wellen
Du willst mal ohne Verkehrmittel fliegen? Dann schnall deine Füße auf dem Flyboard fest und lass dich auf dem Wasser von der Druckluft in die Höhe schieben. Drei Meter, vier Meter, fünf Meter – oder geht es gar höher? Dein Adrenalinspiegel ist auf jeden Fall schon ganz oben. → **S. 93**

Die beste Beachbar
Nach so viel Abenteuer musst du chillen. Lauf einmal den Strand runter, denn am anderen Ende findest du mit der *Surfbar 8Q* die schönste Beachbar der Insel. Snacks gibt es da allerdings nur in Form von Kuchen. Willst du mehr, besorg dir auf dem Weg dorthin, was der Bauch begehrt. → **S. 157**

Fotos gucken
Zoom dich rein in die Schönheit Usedoms und schau dir die Bilder der Inselfotografen in der *Galerie Usedomfotos* in Zinnowitz an. Nach der Draufsicht von oben am Morgen wird dein Bild von der Insel nun komplett – mit Details, Stimmungen und schönen Momenten. → **S. 65**

Tretboot und Sundowner
Schwing dich aufs Rad und fahr von Zinnowitz nach Loddin. Bei *Kikis Bootsverleih* kletterst du in ein Tretboot und fährst damit raus auf das Achterwasser. Reservier aber vorher schon mal deinen Tisch für später. Denn bei Kiki kannst du prima essen – und dabei der Sonne zugucken, wie sie den Abgang macht. → **S. 122**

Auszeitturbo
Ein herrlich entspannter Tag

Komm nach Koserow
Nach dem Ausschlafen ist die beste Zeit für Koserow. Denn dann sind noch nicht so viele Touris an den *Salzhütten* und du stehst fast allein vor dem dampfenden Räucherofen. Auch wenn dir noch nicht nach Fisch ist, lass dir welchen einpacken für später. → **S. 45**

Keine Tabus
Spazier am Strand entlang oder lauf über den Damm bis Lüttenort, dem ehemaligen Refugium des Malers Otto Niemeyer-Holstein. Der schrieb »Tabu« an sein Atelier und wohnte anfangs ganz cool in einem alten S-Bahn-Waggon. Tabu ist aber heute weder das eine noch das andere, sondern ein absolutes Muss! → **S. 66**

Auszeit am Achterwasser
Spätnachmittags ist am *Café Knatter* viel los. Hier kannst du surfen oder segeln lernen oder mit dem SUP rauspaddeln. Du kannst dich aber auch einfach auf der Terrasse dem Treiben zuschauen – bei köstlichem Essen und coolen Drinks! → **S. 97**

Rauf auf den Berg
Auf dem *Streckelsberg* kannst du angeblich das versunkene Vineta aus den Fluten wieder aufploppen sehen. Wenn nicht: Der Ausblick ist auch so atemberaubend. Vielleicht blühen sogar die blauen Leberblümchen und legen sich wie ein Teppich über den Waldboden. → **S. 138**

An den Strand
Zwischen Koserow und Ückeritz liegt so ziemlich der schönste Teil des Traumstrandes von Usedom – mit malerischer Steilküste. Such dir dein Plätzchen, roll das Handtuch aus oder miete einen Strandkorb in XL oder XXL und lass alle Viere gerade sein. Herrlich! → **S. 6**

Kinderkram
So werden die Kleinen glücklich

Ice Age zum Anfassen
Mal an den Stoßzähnen eines Mammuts baumeln und dem Säbelzahntiger tief ins Maul gucken – das geht im Eiszeitpark im *Wisentgehege*, zumindest an den lebensgroßen Nachbildungen. Die Wisente ein paar Meter weiter sind hingegen sehr lebendig und nicht weniger imposant. → **S. 19**

Streicheln und satt werden
Mit kleinen Kindern kann ein Restaurantbesuch ganz schön anstrengend werden. Nicht so in der *Pferdetränke* in Krummin, denn die hat einen eigenen Streichelzoo. Und in dem Hofcafé *Zur Naschkatze* ein paar Häuser weiter könnt ihr Kuchen essen und Katze gucken. → **S. 40, 46**

Buddeln und staunen
Der Sandstrand ist natürlich ideal zum Burgen bauen und Tiere formen. Das zeigt die *Sandskulpturenausstellung* in Ahlbeck: filigrane Figuren, ganze Filmszenen, fantastische Märchenlandschaften … → **S. 85**

Tarzan spielen
Im *Kletterwald* bei Ückeritz können Kinder ab 6 Jahren an Ziplines durch die Bäume flitzen oder in luftiger Höhe über Brücken, Seile und Holzklötze hangeln. Insgesamt 6 Parcours stehen zur Wahl, manche aber erst ab 8, 12 oder 14 Jahren. → **S. 111**

Mit Alpakas spazieren
Eins vorweg: Sie sehen zwar zum Knuddeln aus, mögen das aber gar nicht. Alpakas gehen lieber auf Abstand, aber gut an der Leine. Es sei denn, sie wollen gerade nicht, oder lieber was fressen, oder wiederkäuen … Keine Frage: So eine Tour mit Alpaka ist ein Abenteuer, von dem ihr noch lange erzählen werdet. → **S. 125**

Mix & Match

Sauwetter
Wo es bei Regen besonders schön ist

Teatime in Trockenen
Draußen gießt es, doch du sitzt im Trockenen auf dem Sofa und das Einzige, das hier gießt, ist der Tee aus der Kanne. Dein Blick schweift von den Köstlichkeiten auf der Etagere zum prasselnden Kaminfeuer und deine Gedanken wandern aus nach Großbritannien! Wonderful! → S. 50

Swimming in the rain
Mach erst den Showerwalk mit Tropenregen, Vogelgezwitscher, Nebel, Blitz und Donner. Denn das ist die perfekte Einstimmung für eine ganz besondere Dusche: Im Pool des Wellnesshotels *Das Ahlbeck* schwimmst du im warmen Wasser hinaus in den Regen – herrlich! → S. 144

Ab ins Körbchen
So ein Strandkorb schützt ja auch vor Regen. Mummel dich ein und schau zu, wie der Regen die Leute vom Strand jagt. Oder geh in die Strandkorbmanufaktur *Korbwerk* und lass dir zeigen, wie so ein praktisches Draußenmöbel gemacht wird. → S. 10

Kunst gucken
Wenn du bei Regen gern den Tropfen zuschaust, wie sie am Fenster runterrutschen, bist du im *Kunstpavillon* richtig, denn der ist komplett verglast. Daneben gibt es aufregende Kunst zu entdecken. Lauf danach schnell rüber ins *Strandhotel Ostseeblick* und setz dich mit einem warmen Getränk an den Kamin.
→ S. 25, 80

Warm ums Herz
Wenn es draußen ungemütlich wird, ist es in einem Schloss umso schöner! Davon gibt es auf Usedom jetzt nicht so wirklich viele, aber das in *Stolpe* ist nicht nur hübsch, sondern wird auch mit so viel Liebe und Engagement restauriert und bespielt, dass dir ganz warm ums Herz wird.
→ S. 76

Low Budget
Tipps für Clevere & Schnäppchenjäger

Grillen und Kohle sparen
Es muss ja nicht immer das schnieke Restaurant mit Meerblick sein. Wie wäre es mal mit einem Barbecue am Strand? In *Pudagla* am Achterwasser kannst du dabei sogar der Sonne zugucken, wie sie über dem Wasser den Abgang macht. Was für ein schöner Grillplatz! → **S. 140**

Koch dir den Kaffee selbst
Im *Kunsthaus* darfst du deinen Kaffee selbst kochen oder eine Bockwurst warm machen. Kuchen kannst du dir mitbringen und dich damit in den Garten setzen. Oder du schnappst dir ein Buch aus der großen Freiluftbibliothek. Kunst gibt's natürlich auch. → **S. 71**

Cosplay ohne Kosten
Wenn du dich gern in historische Gewänder kleidest, notier dir die *Kaisertage in Heringsdorf*! Der Kostümverleih ist kostenfrei. Drei Tage lang kannst du im Rüschenkleid oder Frack die Promenade hoch und runter laufen. → **S. 164**

Muckis für umme
Mit der KaiserbäderCard (in der Kurtaxe enthalten) kannst du am *Kaiserbäder Sportstrand* viele Kurse kostenfrei mitmachen (u. a. Gymnastik). Auch sonst gibt es mit der Karte einiges für lau, z. B. Busfahren. → **S. 106**

Radfahren für umsonst
Die gelben Drahtesel von Usedom Rad sind dir bestimmt schon aufgefallen. Mit dem Usedom-Ticket der UBB kannst du nicht nur den ganzen Tag lang Bahn fahren, sondern die Räder auch gratis nutzen. Überleg dir gleich eine Rad-Bahn-Tour! → **S. 114**

Shoppingfieber
Hier kannst du fette Beute machen

Pottmützen und mehr
Was ist eine Pottmütze? Sie wärmte einst die Köpfe der Fischer Pommerns und erlebt nun ein Revival: Die schön gemusterte Zipfelmütze mit Pompon kannst du z. B. im Shop des *Postel* in Wolgast kaufen. Und viele andere einheimische Dinge auch. → **S. 58**

So schmeckt die Insel
Die *Inselmühle* ist ein schmucker Glasbau mit Bistro und einer der schönsten Läden für regionale Produkte auf Usedom. Nimm auf jeden Fall Öl mit: Der Raps und die Sonnenblumen haben reichlich Usedomer Sonne getankt, ehe sie zum goldenen Glück gepresst wurden. → **S. 30**

Exklusiv shoppen
Als wäre das Ambiente des *Pier 14* Konzeptstores in der schönen alten Villa Gruner in Zinnowitz nicht schon exklusiv genug: Beim »Private Shopping« hast du den Laden samt Fashion-Spezi ganz für dich. So hast du deine neuen Outfits garantiert noch nie geshoppt! → **S. 25**

Fisch macht happy
Das Märchen vom Fischer und seiner Frau, die ja nie happy war mit dem, was der Gatte ihr besorgte, soll einst im Lieper Winkel entstanden sein. Heute fahren die Leute vor allem hierher, um im *Rankwitzer Hafen* Fisch zu kaufen. Denn der macht alle glücklich. → **S. 127**

Schönes im Glashaus
Wer im Glashaus sitzt ... sollte mit Scheinen werfen: Der Weihnachtsmarkt im Gewächshaus der *Inselgärtnerei* ist an sich ja schon ein Erlebnis, doch hier bekommst du direkt vom Künstler schönen Schmuck, tolle Bilder, feine Keramik und mehr. Geldbeutel mitnehmen! → **S. 170**

Weltreise daheim
Exotische Orte ganz nah

Safarifeeling
Wer braucht schon die Serengeti, wenn er den *Lieper Winkel* hat? Wer muss die Big Five abhaken, wenn der majestätische Seeadler über den Köpfen kreist und vielleicht sogar ein Elch im Wald steht? Also auf zur Inselsafari in coolen Jeeps! → **S. 108**

Wie in Indien
Buddha lächelt aus dem Grün, ein altindisches Tempeltor steht am Rand und auf der Karte gibt es neben Currywurst und Falafel auch leckere Currys. Im *Bistro N'avi* vergisst du Zeit und Ort – und entspannst auf weltgereiste Art und Weise. → **S. 32**

Stolpe statt Spanien
Vielleicht warst du schon mal in Spanien in einem Parador und hast deine Tapas mit Blick auf historische Burgmauern genossen. Das geht auch auf Usedom! In Stolpe auf der Terrasse der *Remise*. Dann hast du nicht nur Tapas auf der Karte, sondern auch das Schloss Stolpe im Blick. Olé!
→ **S. 38, 76**

Wie im MoMA
Das musst du mit eigenen Augen gesehen haben: ein Museum für zeitgenössische internationale Kunst auf einem Niveau, wie du es nur aus den Metropolen dieser Welt kennst – und das mitten im Nirgendwo, genauer, in Buggenhagen im Lassaner Winkel vor den Toren Usedoms. Ein Muss!
→ **S. 87**

Traumstrand auf Weltniveau
Wer die großen Traumstrände der Welt erstmal von der Bucket List gestrichen hat, wird auf Usedom staunen: Warum stand der da eigentlich nicht drauf? Unendlich lang, oft herrlich breit, Sand vom Feinsten. Lass am besten den Kite über dir flattern und fühl dich wie in Brasilien, Mexiko oder anderswo. → **S. 6, 94**

Wo find ich das? Wo will ich hin? Was ist sonst noch in der Nähe? Wer hat sich das alles ausgedacht? Und wohin schicke ich meine Fanpost, mein Feedback? Ganz schön viele Fragen. Die folgenden Seiten helfen dir weiter.

Dies & Das

Karten, Register und mehr

Kaiserbäder

- Klassiker reloaded
- Leckerbissen
- Kreative Orte
- Wilde Seite
- Ruhige Ecken
- Pralles Leben

Register

100Haus 58

Abenteuer Flusslandschaft 101
Adler-Schiffe 169
Ahlbeck 85, 106, 160
Aktivpromenade 106
Anbaden an Neujahr in Karlshagen 98
Anklam 101
Atelier Lieper Winkel 74
Atelier Otto Niemeyer-Holstein 66

Badestrand von Pudagla 140
Balm 119
Balmer See Hotel Golf Spa 119
BalticFishing 9
Baltic Hills Golf Usedom 119
Baltic Lights 153
Bansin 116, 133, 160, 170
Bauernstube Morgenitz 35
Baumwipfelpfad 111
Beachcup am Strand von Karlshagen 163
Benz 130
Bistro N'avi 32
Bockwindmühle Pudagla 130
boot-workshop GmbH 63

Buggenhagen 87

Café Knatter und Windsportschule 97
Café Moritz 49
Coco Lounge 22

Dargen 19
Das Ahlbeck Hotel & Spa 144
Drachenfestival Karlshagen 167

Eisbade-Spektakel in Trassenheide 98

Fallschirmsportclub Mecklenburg e. V. 90
Fischereihafen Freest 159
Fischräucherei Klönsnack 142
Flugagentur Mecklenburg-Vorpommern 21

Galerie im Hühnerstall & Feng-Shui-Garten 128
Galerie Usedomfotos 65
Gartencafé Naschkatze 46
Garz 142
Gebrüder Schwarz Fischräucherei 29
Gnitz 140
Gnitzer Seelchen 46

Golm 142
Grand Schlemm 43

Hafenfeste 159
Hafen Karlshagen 159
Hafen Karnin 13
Hafen Rankwitz 127
Hafen Stagnieß 159
Heringsdorf 10, 22, 25, 29, 40, 50, 80, 111, 136, 145, 149, 154
Hofcafé Tante Wally 46
Holländermühle Benz 130

Inselgärtnerei Kühn 170
Inselkanu 101
Inselkäserei Usedom 52
Inselmühle Usedom 30
Insel-Safari 108
Internationales Kleinkunstfestival Insel Usedom 154

Kaiserbäder Sportstrand 106
Kaisertage in Heringsdorf 164
Kamminke 142
Karlshagen 103, 159
Karnin 13
Kiki's Bootsverleih 122
Kirche Koserow 69
Kiteschool Usedom 94

188

Kletterwald Usedom 111
Kölpinsee 133
Korbwerk Usedom GmbH & Co. KG 10
Korswandt 79, 119
Koserow 45, 49, 66, 69
Koserower Salzhütten 45
Kraftwerk Peenemünde 61
Kröslin 159
Krummin 16, 40, 46
Kunsthaus Usedom 71
Kur- & Heilwald 136
Kurmuschel Ahlbeck 160
Kurna Chata 36

La Conga Bar 22
Laufmützen Usedom 113
Lieper Winkel 127
Loddin 55, 122, 147
Loddiner Höft 147
Lounge im Strandhotel Ostseeblick 25
Lyonel-Feininger-Tour 73

Marios Jetstrand 93
Mellenthin 35
Mölschow 9, 125
Mühlen-Bake 130

Naturhafen Krummin 16
Naturhof Usedom 125
Neeberg 128
Neppermin 46, 71, 101
Neuendorf 46
Neustadt-Glewe 90

Peenemünde 61, 63, 94
Pier 14 Restaurant 25
Pommerntapas im Restaurant Remise 38
Postel 58

Prochownia 37
Pudagla 21, 130
Pyrogames in Zinnowitz 169

Quad-Safari 116

Ralf Erdenberger Ballonfahrten 21
Rankwitz 127
Räucherhütte Sadewasser 45
Reestow 74
Restaurant Waterblick 55

Safaribar im Strandhotel Heringsdorf 40
Sandskulpturen Ausstellung Usedom 85
Schloonsee 133
Schloss Stolpe 76
Seebrücke Ahlbeck 13, 43, 105
Seebrücke Heringsdorf 13
Seebrücke Koserow 138
Seetelhotel Ahlbecker Hof 50
Sellin 32
Stolpe 38, 76
Strandaufgang 1 Y/1 Z 106
StrandLäufer-Barfuß-Konzerte 160
Streckelsberg 138
Surfbar 8Q 157
Świnoujście, Polen 37, 130, 135

Till Richter Museum 87
Tonwerk Keramik 79
Tour zu den sieben Seen 114

Treppe an der Steilküste Ückeritz 6

Ückeritz 6, 97, 111, 159
Udo's Fischräucherei 45
Ultimate Frisbee 102
Usedom 30
Usedom-Beachcup 163
Usedom Cross Country 153
Usedomer Dichternacht 82
Usedomer Kunstverein e. V. im Kunstpavillon 80
Usedomer Literaturtage 82
Use-Tube 160

Via Baltica 135
Vinetablick 138
Volkssternwarte »Manfred von Ardenne« 149

Warthe Strand 127
Weihnachtsmarkt 170
Welzin 52
Winterbadespektakel Ahlbeck 98
Winterstrandkorbfest 105
Wisentgehege Insel Usedom 19
Woche der Bäderarchitektur 14
Wolgast 58

XXL-Feuerwerk 169

Zinnowitz 22, 25, 65, 93, 157
Zur Pferdetränke 40

Impressum

1. Auflage 2021
© 2021 MAIRDUMONT GmbH & Co. KG, Ostfildern

Printed in Italy

Text: Cornelia Jeske
Konzept: Katrin Burr, Susanne Heimburger, Monique Sorban
Projektmanagement
Susanne Heimburger
Gestaltung Umschlag außen
Eggers + Diaper, Potsdam
Gestaltung Innenteil, Umschlag innen
Sofarobotnik – Büro für Gestaltung, Augsburg & München
Lektorat
Ellen Weitbrecht, Stephanie Ziegler
Bildredaktion
Anja Schlatterer
Produktion
red.sign GbR, Stuttgart
Kartografie
© MAIRDUMONT, Ostfildern, unter Verwendung von Kartendaten von OpenStreetMap, Lizenz CC-BY-SA 2.0

Bildnachweise
Titelillustration: Birgit Eggers & Shutterstock/Oliver Short

Fotos: Bauernstube Morgenitz (34); Henry Böhm (42, 60/61, 161, 168); Das Ahlbeck Hotel und Spa (144/145); Erlebnis Akademie AG/Baumwipfelpfad Usedom (110 o.); ExperiArts Entertainment: Thomas Ix (152 u.), Stefan Stuhr (152 o.); FSC Mecklenburg e.V.: Dirk Höhne (91); Matthias Gründling (68, 112); Susann Gutsche (33 o., 181); huber-images: C. Dörr (Klappe innen M. r.); Jaqueline Illemann (171); Inselsafari (109); iStockphoto: Irina Meshcheryakova (178); C. Jeske (7, 8, 11, 12/13, 15, 18, 28, 31, 33 u., 38, 44, 47, 48, 50, 53, 54, 62, 64, 67, 70, 72, 74, 76, 78, 80, 84, 92, 96, 100, 110 u., 115, 118/119, 123, 124, 126, 129, 131, 132/133, 134, 137, 139, 141, 146, 148, 156, 174, 176, 177, 180, 191); Karlshagen.de (99, 102, 103, 158, 162, 166/167); Kiteschool Peenemuende: Carolin Symann (95); Kurna Chata (36/37); Christoph Kurze (155, 165); Laif: G. Knoll (Klappe innen M. l.), G. Lenger (Klappe innen o.); Bernd Lasdin (86 u.); Geert Maciejewski (83); mauritius images: Pitopia (143 u.); Naturhafen Krummin (17); picture-alliance/ZB: S. Sauer (179); Postel (59); Quad Safari (117); Alexander Rudolph (20/21); Jens Schneider (86 o.); Shutterstock: ByeByeSSTK & Birgit Eggers (192), Caftor (23), Stefan Dinse (Klappe innen u., 143 o.), Harald Lueder (24 u.), stylefoto24 (175); Isabell Stahnke (107); Strandhotel Heringsdorf (41); Strandhotel Ostseeblick (24 o.); wsf-Veranstaltungsagentur (104)

Die Autorin

Cornelia Jeske
hat als Reisejournalistin für große Zeitungen und Zeitschriften die halbe Welt gesehen. Doch über den breiten, weißen Sandstrand von Usedom, wo sie vor ein paar Jahren ihre Seelenheimat fand, staunt sie immer wieder aufs Neue. Auf der Insel entstand auch die Idee zu www.zweikuesten.de, ihrem Online-Reisemagazin für die Küste, das sie regelmäßig nach Usedom führt.

Lob oder Kritik? Wir freuen uns auf deine Nachricht!
Trotz gründlicher Recherche schleichen sich manchmal Fehler ein. Wir hoffen, du hast Verständnis, dass der Verlag dafür keine Haftung übernehmen kann. Wir freuen uns aber, wenn du uns schreibst:

MARCO POLO Redaktion
MAIRDUMONT
Postfach 31 51
73751 Ostfildern
info@marcopolo.de

Bloß nicht!
Fettnäpfchen und Reinfälle vermeiden

... die Kurkarte vergessen

Die gibt es nicht nur für Urlauber, sondern auch für Einheimische, dann aber zum Glück ohne Kurtaxe-Kosten. Der Busfahrer nimmt dich für umme mit, wenn du sie zückst. Aber auch am Strand musst du die Card manchmal vorkramen.

... Warmduscher sein

Klar, die Ostsee ist nicht das Mittelmeer und daher etwas kalt. Wie du reinkommst, ohne dabei zu quietschen wie ein Meerschweinchen? Einfach im flachen Wasser Ball spielen und wenn das Runde plötzlich raustreibt, bist du schneller im kühlen Nass als du »Kalt!« rufen kannst.

... ins falsche Fischbrötchen beißen

Dick Remoulade drauf, vielleicht sogar Salat und saures Gürkchen dazu? So kannst du dir einen Burger servieren lassen. Aber ein wahres Fischbrötchen kommt ganz ohne Schnickschnack aus. Ein paar feine Zwiebelringe sind freilich ok.

... alles für Bernstein halten

Auf Usedom kommt es leider oft vor, dass statt Bernstein Weißer Phosphor aus dem Zweiten Weltkrieg in der Hosentasche landet und sich dort entzündet. Fundstücke daher am besten in einem Beutel sammeln, den du im Notfall schnell wegschleudern kannst.

... Scheu vorm Sch-Laut haben

Natürlich ist es leichter, »Swinemünde« zu sagen, aber korrekt heißt es nun mal »Świnoujście«. Wie man das ausspricht, lässt du dir am besten von einem netten polnischen Usedomer an einer Strandbar beibringen – und du willst es nie wieder auf Deutsch sagen!